Von mild bis scharf

Pflegen, ernten, genießen

Inhalt

SPEZIAL

Geschmackserlebnis von süß bis scharf: Lesen Sie, was Kräuter und Gewürze alles „in sich“ haben.

SPEZIAL

Wie Sie Ihre Kräuter immer jung und frisch halten und mit exotischen Blüten Ihre Speisen dekorieren.

Exotische Kräuter frisch auf den Tisch

Gewürz- und Teepflanzen erleben in den letzten Jahren einen regelrechten Boom. Viele wollen den bisherigen Essgewohnheiten die geschmackliche Vielfalt fremdländischer Kulturen entgegensetzen. Dazu kommt, dass der weltweite Tourismus die Reisenden in vielen Ländern der Erde mit den regionalen Küchen und natürlich ebenfalls mit deren besonderen Gewürzkräutern in Kontakt bringt.
So mancher, der „auf den Geschmack" gekommen ist, möchte Gerichte aus Afrika, Südamerika oder Fernost zubereiten. Doch das Nachkochen scheitert häufig daran, dass die typischen Kräuter oder Gewürze fehlen. Zwar kennt unsere Küche seit langem Pfeffer, Curry oder Muskatblüte als pulverisierte Gewürze, die frischen Kräuter als wesentliche Bestandteile der exotischen Küche fehlten jedoch bisher.
Diese Lücke schließen zahlreiche Anbieter von tropischen Gewürzkräutern zusehends. Ebenso wächst die Erfahrung mit der Kultur dieser Pflanzen unter mitteleuropäischen Verhältnissen. Tropische Kräuter bieten den Vorteil, dass sie häufig keine Winterruhe einlegen. Viele wachsen ganzjährig und lassen sich sogar während des Winterhalbjahrs in einem Topf im Haus ernten.

4 | Asiatisch genießen

Viele exotische Aromapflanzen wirken durch ihr auffälliges Laub oder durch ihre bunten Blüten besonders hübsch.

Dekorative Salbei- und Basilikum-Sorten zieren gemeinsam mit Sommerblumen Töpfe und Kästen. Tee- und Würzkräuter brauchen im Garten sonnige Plätze; viele fügen sich gut in Staudenrabatten ein.

Im Balkonkasten schmückt Basilikum 'African Blue' (oben). In der Kräuterspirale gedeihen wärmebedürftige Kräuter (rechts).

Asiatisch genießen

Aromen in der Balance

Erst mit Hilfe von geeigneten Gewürzen und frischen Kräutern schmecken Gerichte aus anderen Ländern authentisch. Exotische Kräuter würzen und garnieren aber auch deutsche Hausmannskost, Snacks und Fingerfood.

Unbeschreiblich und verwirrend erscheint uns Europäern die Vielfalt der indischen, mexikanischen und erst recht der südostasiatischen Küche. Dank des tropischen bis subtropischen Klimas steht ganzjährig eine breite Palette an Gemüse- und Obstarten zur Verfügung. Während wir Lauch und Zwiebeln, Tomaten und Paprika in den Gärten ziehen, kennt man in den Tropen und Subtropen Dutzende von Zwiebelarten und unzählige Varianten von Gewürz- und Gemüse-Paprika – jede Sorte mit etwas abweichendem Geschmack und anderen Zubereitungsformen. Gleiches gilt für die Vielzahl an Kohlarten und Salaten. Dazu liefern Früchte wie Jackfruit, Guaven, Mangos, Mangostane, Cherimoya, Rosenäpfel oder Durian überraschende Genüsse.

Durch den Teig der Frühlingsröllchen schimmert Korianderlaub.

Die Fünf-Elemente-Lehre

Vor allem in China und Südostasien bedeutet die schonende Zubereitung von frischen, aufeinander abgestimmten Zutaten pure Gaumenfreude. Wichtig für jedes Gericht ist die ausbalancierte Wirkung aller Bestandteile. Gemäß der traditionellen chinesischen Medizin wird bei den Speisen nach wärmender, kühlender oder neutraler Wirkung unterschieden, außerdem nach der Zugehörigkeit zu den Elementen Holz, Feuer, Erde, Metall und Wasser. Die Fünf-Elemente-Lehre besagt, dass

Getrocknete Gewürze, frische Kräuter und wohlschmeckende Früchte bereichern die fernöstliche Küche.

in jeder Mahlzeit der Anteil der erfrischenden und wärmenden Nahrungsmittel ausgewogen sein soll. Die wärmende oder kühlende Wirkung hat nichts mit der Serviertemperatur zu tun: So wirkt heißer Grüner Tee ebenso „kühlend" wie frische Tomaten oder Gurken, während zu den wärmenden Nahrungsmitteln Zwiebeln, Fenchel sowie viele Gewürze und Würzkräuter wie Ingwer und Meerrettich zählen. Wissenschaftlich nachweisen lassen sich diese Anschauungen nicht. Eines jedoch steht außer Zweifel: Zutaten, Zubereitung und die Feinabstimmung mit Gewürzen und Kräutern haben in der chinesischen Küche höchste Raffinesse erreicht.

Wir Europäer mit der eher bescheidenen Auswahl an traditionellen Würzzutaten können uns davon immer wieder inspirieren lassen. Dennoch sollte uns bewusst bleiben, dass wir hierzulande den ureigenen Geschmack afrikanischer, asiatischer oder südamerikanischer Gerichte kaum nachahmen können. In aller Regel steht uns die ganze Palette an Gewürzmischungen, Kräutern, Marinaden und Pasten nicht zur Verfügung, die in diesen Regionen für jeweils ganz bestimmte Zubereitungen zum Einsatz kommen.

SMART

Kraut oder Gewürz?

- **Von einem Küchenkraut** verwendet man Teile der frischen Pflanzen, egal ob Blätter, Blüten oder Wurzel.
- **Gewürze sind** getrocknete Pflanzenteile; ihre Wurzeln, Blätter, Samen oder Früchte stammen häufig von Pflanzen der Tropen. Durch das Trocknen bleiben sie länger haltbar.

Salatgrün aus Fernost

Asiatische Blattsalate schmecken köstlich und sehen appetitlich aus. Sie gedeihen problemlos auf dem Balkon oder im Garten.

Unüberschaubar groß ist die Vielzahl von asiatischen Kohlgewächsen. Viele liefern dank ihrer Senföle aromatisches Gemüse und würzige Salatkräuter. Ausgesät wird vom Frühjahr bis Hochsommer, in einem Kleingewächshaus können Sie auch noch im Herbst säen. Die Kulturdauer beträgt je nach Witterung drei bis acht Wochen. Länger sollten Sie die Pflanzen nicht auf dem Beet stehen lassen, sie fallen sonst auseinander und die Blätter werden unansehnlich. Alle asiatischen Salatkräuter brauchen lockeren, offenen, gepflegten Gartenboden. Kräftige Pflanzen erhalten Sie, wenn Sie in Multitopfplatten aussäen – oder Sie säen in Töpfe und pikieren die Pflanzen in Anzuchtplatten, sobald sich das erste richtige Laubblatt entwickelt. Sie können auch direkt auf das Beet in Reihen säen. Für Mini-Pak Choi empfiehlt sich das ohnehin, da er wegen seiner fleischigen Pfahlwurzel empfindlich auf das Umsetzen reagiert. Zu dicht stehende Pflanzen werden vereinzelt: Überzählige Pflanzen ziehen Sie vorsichtig aus der Erde und können Sie dann schon gleich in der Küche verwenden. Größere Einzelpflanzen brauchen einen Pflanzabstand von etwa 20 cm.

Bunte Blattsalate

Wegen ihres scharfen und recht intensiven Geschmacks passen diese Kräuter am besten zu grünem Salat. Gut schmecken sie als Mischung, in der die verschiedenen Blattformen und -farben schön zur Geltung kommen. Dazu bereiten Sie eine milde Vinaigrette aus Sesamöl, Limettensaft, Sojasoße, wenig Salz, frisch gemahlenem Pfeffer und etwas Honig.

Amchoi, Blattsenf

Brassica juncea* var. *rugosa

scharf bis intensiv

Dieser Blattkohl mit unregelmäßig ausgefransten Blatträndern besitzt ein senfscharfes Aroma, das zur Blütezeit die größte Intensität erreicht.

- **Kultur** Direktsaat in gut vorbereitete Gartenerde. Die Pflanze bildet unter Langtagbedingungen rasch Blütenstände, daher erst ab Juli säen.
- **Ernte** Blätter und Stängel nach Bedarf abschneiden und frisch verbrauchen.
- **Verwendung** Je nach Schärfe kleine Mengen in Blattsalate mischen. Der bittere Geschmack von älteren Blättern und Stängeln mildert sich durch Blanchieren.

Komatsuna, Senfspinat

Brassica rapa* var. *komatsuna

robustes Herbstgemüse

Diese Variante des China-Kohls besitzt große, feste Blätter mit fleischiger Mittelrippe.

▸ Kultur Aussaat ab Juni direkt aufs Beet. Unter einer Abdeckung wächst die relativ frostfeste Pflanze bis in den Winter hinein weiter. Pflanzen mit zunehmender Größe vereinzeln.

▸ Ernte Keimlinge lassen sich in Salaten verwenden, oder Sie schneiden nach Bedarf einzelne Blätter ab.

▸ Verwendung Die jungen Blätter roh in Blattsalat mischen oder im Wok kurz mitgaren. Ältere Blätter wie Spinat zubereiten.

Mizuna

Brassica rapa* var. *nipposinica

frisch wie Sauer-Ampfer

Grasgrüne, stark zerschlitzte und aufrecht stehende Blätter bilden dichte Rosetten. Sie schmecken leicht nach Senf. Mibuna hat dagegen riemenförmige Blätter mit kräftigerem Aroma, ist aber kälteempfindlicher.

▸ Kultur Anbau von April bis Anfang September. Gut entwickelte Pflanzen brauchen viel Platz (Abstand 40 cm).

▸ Ernte Voll entwickelte Blätter nach Bedarf abpflücken.

▸ Verwendung Junge Einzelblätter roh in Blatt- und gemischten Salaten, ausgewachsene Pflanzen komplett schneiden und dünsten.

Mini-Pak Choi

Brassica rapa* subsp. *chinensis

knackig mild

Der kleine chinesische Blattkohl hat fleischig-saftige Stiele und Blattrippen.

▸ Kultur Anbau vor allem im Spätsommer, da die Pflanzen aus früheren Aussaten zum Schossen neigen. Ab Juli direkt säen und dann vorsichtig auf 25 cm Abstand vereinzeln. Die kälteempfindliche Pflanze ab Oktober mit Vlies abdecken.

▸ Ernte Am besten die ganze Pflanze schneiden. Blätter, Stiele und Blattrippen getrennt verarbeiten.

▸ Verwendung Klein geschnitten als rohe Salatzutat. Ergibt in gröberen Stücken ein hervorragendes Wokgemüse.

Wandlungsfähiges Basilienkraut

Die Familie der Lippenblütler stellt einige der bekanntesten Küchenkräuter: Majoran, Thymian, Salbei, Basilikum, Zitronen-Melisse und die Minzen gehören dazu. Das intensive Aroma beruht auf ätherischen Ölen, Zuckerverbindungen und Gerbstoffen. Unter den vielen Spielarten befinden sich dekorative Stauden und Halbsträucher für den Ziergarten.

Basilikum 'African Blue' besitzt violette Blütenähren und dunkle Blätter mit roten Adern.

Buntlaubige Sorten

Das gewöhnliche Genoveser Basilikum (*Ocimum basilicum*) hat sattgrüne, meist glatte Blätter. Es eignet sich ideal für Pesto und als Begleiter für Tomaten und Käse. Es gibt zahlreiche Auslesen mit gerüschtem Rand ('Crispum', 'Green Ruffles') oder mit braunroten Blättern ('Chianti', 'Dark Opal'), die sich im Geschmack nicht oder kaum wahrnehmbar unterscheiden. Etwas andere Nuancen besitzen Auslesen wie 'Anise' (mit dunkelgrünem Laub) und 'Cinnamom' mit Zimtnote. Alle Sorten brauchen zum Gedeihen Wärme, gleichmäßige Bodenfeuchte und gute Düngung. Um die Pflanzen ständig zu neuem Wachstum anzuregen, schneidet man für die Ernte immer ganze Triebstücke ab und entnimmt nicht nur einzelne Blätter. Eine wieder andere Duftnote liefert *Ocimum citriodorum*, das Zitronen-Basilikum. Die Blätter dieser einjährigen Art aus dem tropischen Ostasien aromatisieren Fisch und Meeresfrüchte.

Mindestens vier verschiedene Sorten vom Thai-Basilikum befinden sich derzeit im Angebot. Sie gehören zum Artkomplex *Ocimum basilicum* und haben weiße Blüten sowie glatte, deutlich gesägte Blätter von kräftiger Konsistenz. Der Geschmack fällt im Vergleich zum gewöhnlichen Basilikum schärfer und intensiver aus; er wird bisweilen als anisartig empfunden. Die Sorte 'Horapa' erhält wegen des süßlichen Duftes oft die Bezeichnung „Anis-Basilikum".

Hinter der Bezeichnung Tulsi oder Tulasi verbirgt sich die Art *Ocimum tenuiflorum* (Syn. *O. sanctum*). Der Halbstrauch trägt stark gesägte Blätter und rosalila Blüten. In Indien besitzt Tulsi als Heilkraut kultische Bedeutung. Man sagt der Pflanze nach, sie würde gegen fast jedes Leiden wirken, unter anderem soll sie bei Malaria helfen und die Blutreinigung unterstützen. Das runde, satte Aroma mit Spuren von Minze und Kampfer harmoniert gut mit Gemüse wie Karotten, Kürbis und mit Pilzgerichten.

Ausdauerndes Basilikum

Parade der Basilikum-Sorten: Grünes und Krauses Basilikum, Zimt-Basilikum, Thai-Basilikum, Rotes Rubin und Genoveser.

Mehrjährig wachsen die verschiedenen Formen des Strauch-Basilikums. Sie behalten im frostfreien Winterquartier ihre Blätter, sodass man sie ganzjährig beernten kann. Das dekorative Basilikum 'African Blue' hat rötliche Stiele und Blattadern sowie blaugrüne, länglich zugespitzte Blätter. An den Triebenden der gut 50 cm hohen Pflanze erscheinen violette Blüten in langen Ähren. Die Blätter sind im Vergleich zum gewöhnlichen Basilikum wesentlich fester; ihr Geschmack fällt überraschend herb und scharf aus. Das Kraut ergänzt Mittelmeergemüse wie Auberginen oder Zucchini, und es bereichert pürierte Suppen, Fischeintöpfe oder Ratatouille um eine interessante Note. Die gehackten Blätter werden erst kurz vor dem Servieren über die Speisen gestreut. 'Magic White' hat würzige Blätter und weiße Blütenstände. Als „Kubanisches Strauchbasilikum" wird eine zierliche, kompakte Auslese mit kleinen, hellgrünen Blättern angeboten. Eine einzige Pflanze liefert bestes Pesto-Kraut. Sie gedeiht sogar im Balkonkasten und kann auf dem Fensterbrett in der Küche überwintern.

SMART

Aroma-Tipp

- **Lippenblütler** entwickeln kurz vor der Blüte das intensivste und beste Aroma. Ein Ausknipsen der Triebspitzen verlängert den Zeitraum der Blatternte.

Salbei: von herb bis fruchtig

Salbei gehört zu den traditionellen Würzkräutern. Vom Echten Salbei (*Salvia officinalis*) gibt es buntlaubige Formen, die nicht nur im Kräuterbeet, sondern auch auf der Rabatte oder im Pflanzgefäß eine gute Figur machen.

Blätter mit Fruchtaroma

Die Blätter etlicher Salbei-Arten verströmen beim Reiben ein intensives Fruchtaroma. Zahlreiche Typen unterschiedlicher Herkunft haben in den letzten Jahren den Weg in die Pflanzensortimente gefunden. Sie ergeben hübsche Kübelpflanzen für die Terrasse oder den Balkon, da sie in aller Regel nicht winterhart sind.

Als attraktivste Art mag der Peruanische Salbei (*Salvia discolor*) gelten mit seinen großen, weißfilzigen Blättern und den schwarzvioletten Lippenblüten. Als Würzkraut eignet sich diese Art weniger. Der Pfirsich-Salbei (*Salvia greggii*) bietet hochrote oder gelbe Blüten mit langer Blütezeit und aromatische Blätter.

Sehr dekorativ wirkt außerdem der Schwarze-Johannisbeer-Salbei (*Salvia microphylla*) aus Mexiko. Der Kleinstrauch mit dunklen, zierlichen und spitz zulaufenden Blättern besticht durch seinen kompakten, dicht buschigen Wuchs. Er passt gut in ein gemischtes Staudenbeet und kommt auch im Balkonkasten zusammen mit Sommerblumen gut zur Geltung. Seine purpurroten Blüten riechen tatsächlich nach Schwarzer Johannisbeere! Sie eignen sich bestens für die Dekoration von Speisen, etwa Kräuterquark, pürierte Suppen sowie Dips für Grillfeste oder Raclette.

Salvia elegans 'Honey Melon' zeigt sich in Kultur recht anspruchslos.

Häufig schneiden und ernten

Viel Platz braucht dagegen der ausladende Frucht-Salbei (*Salvia dorisiana*). Seine weichen runzligen, hellgrünen Blätter geben bei der

Der Ananas-Salbei *(Salvia rutilans) gedeiht in guter Topferde. Gelegentlicher Rückschnitt sorgt für kompakten Wuchs.*

kleinsten Berührung ein angenehm fruchtiges Aroma ab. Die Pflanze braucht lockere, nährstoffreiche Erde und ständige Wassergaben. Der Frucht-Salbei wächst recht sparrig, die Triebe verholzen von der Basis her rasch. Rechtzeitiger Rückschnitt und häufiges Entspitzen wirken raschem Verkahlen und Vergreisen entgegen. Zierliche Blätter hat dagegen der Ananas-Salbei (*Salvia rutilans*). Er zeigt sich sowohl im Beet als auch im Topf recht wüchsig und liefert eine reiche Blatternte. Die länglich lanzettlichen Blätter sind glatt und fein gezähnt. Auch diese Pflanze sollten Sie großzügig zurückschneiden, um ihre Wuchskraft zu erhalten. Die grob gehackten Blätter aller Arten des Frucht-Salbei machen sich in indischen oder fernöstlichen Speisen gut, doch ihr Geschmack verliert sich bei der Zubereitung rasch. Süß-saure Soßen erhalten durch sie eine interessante Geschmacksnuance. Das Aroma passt außerdem zu Obstsalaten oder Süßspeisen wie Milchreis, Trifle oder Pudding. Aus *Salvia dorisiana* lässt sich dank des pfeffrig-fruchtigen Geschmacks auch ein aromatischer Tee bereiten. Exotische Salbei-Arten müssen im Winter an einem kühlen Platz im Haus stehen. Ein Rückschnitt, spätestens im Frühjahr, regt neues Wachstum an.

SMART

Tankstelle für Nützlinge

- **Alle Salbei-Arten** besitzen auffällige Lippenblüten, deren Nektarangebot vor allem für Wildbienen und Hummeln eine wichtige Nahrungsquelle darstellt.

Duft der Garküchen: Zitronengras

In Südostasien gehört das Zitronengras (*Cymbopogon citratus*) zu den universellen Würzkräutern. In fast jedem Garten wird es kultiviert, um es ständig frisch ernten zu können. Auch in Europa schätzt man mittlerweile das erfrischende Zitronenaroma mit leicht pfeffriger Note. Schon seit langem bieten Asia-Märkte getrocknete Stängel des Zitronenkrautes an: Sie schmecken allerdings im Vergleich zu dem frischen Kraut dumpf, da sich der Gehalt an ätherischen Ölen bei der Lagerung rasch verflüchtigt.

Die Pflanze wirkt mit ihren flachen, steifen, dunkelgrünen Blättern und den verdickten Blattbasen ähnlich wie Porree, bildet aber mit der Zeit dichte Horste aus. In Topfkultur erreicht sie rund 70 cm Höhe. Die bei uns kultivierten Formen entwickeln keine Blüten.

Als Gewürz verwendet man nur die Blattbasen, nicht die scharfrandigen Blätter. Wie Lorbeerblätter oder Galgantscheiben werden sie nur mit gekocht, aber nicht mit gegessen. Das grobfaserige Gewebe lässt sich nur mühsam zerkauen.

Dekorativ gebündelt: Zitronengras auf einem Marktstand

Zitronengras braucht das ganze Jahr über einen warmen, sonnigen Platz. Im Sommer gedeiht es in einem Topf am wärmsten Platz einer Terrasse prächtig, den Winter über bleibt der Zuwachs gering und die Blätter zeigen bald braune Ränder. Die Pflanze braucht wasserdurchlässige Topferde mit Sand- und Tonanteil. Das Substrat sollte nie austrocknen, in der Wachstumszeit muss regelmäßig gedüngt werden. Während des Sommers entwickeln sich an der Basis viele junge Seitensprosse, die Sie für die Vermehrung leicht abnehmen können.

Richtig zubreiten

Für die Ernte bricht man die äußeren Blattbasen heraus. Vor der Verwendung werden die verdickten Blattbasen gequetscht, um die Aromastoffe freizusetzen. Das geschieht am besten, indem

Im Topf gezogen, kann man das Zitronengras ganzjährig für Wokgerichte und Eintöpfe beernten.

Sie die Stängel auf ein Holzbrett legen und mit der Scheide eines großen Messers Druck ausüben. Zitronengras findet in zahlreichen ostasiatischen Gerichten Verwendung. Es gehört in Suppen mit Kokosnussmilch: Tom Kha Gai wird mit Hühnerfleisch zubereitet, die ansonsten ähnliche Tom Yam Gung enthält Krabben. Das Aroma passt hervorragend zu Eintopf- oder Wokgerichten mit Meeresfrüchten oder mit Huhn. Zum Aromatisieren von Pfirsich- oder Birnenkompott gibt man Zitronengras mit in die Kochflüssigkeit, am besten noch ergänzt durch Ingwer oder Fenchelsamen.

SMART

Köstliche Saté-Spieße mit Fleischbällchen

- **Mischen Sie Hackfleisch** mit einer klein geschnittenen Zwiebel und einem Ei.
- **Würzen Sie** mit Pfeffer, Salz, sehr fein geschnittenem Chili, Ringen von Zimmerknoblauch, gehacktem Blatt von Strauch-Basilikum oder Koriander.
- **Formen Sie daraus** kleine Bällchen, die Sie auf Stängel von Zitronengras spießen.
- **Traditionell** wird Saté (oder Satay) am Tisch gegrillt.
- **Dazu reicht** man Erdnusssoße und eine Vinaigrette, der man frische Kräuter und klein gehackte Gurken zusetzt.

Fernöstliche Aromenfülle

Rohes Gemüse reicht man in der asiatischen Küche häufig zusammen mit würzigen Soßen.

In Süd- und Südostasien kommen Salate, deren Zutaten weder gekocht noch blanchiert sind, selten auf den Tisch. Die Haltbarkeit wäre in dem tropisch warmen bis heißen Klima äußerst begrenzt. Dazu kommt das Risiko von Darmparasiten und Krankheitserregern, die nur durch Erhitzen unschädlich gemacht werden. Lieber serviert man aromatische rohe Stängel als Teil der Menutafel. Dazu gibt es zum Dippen die scharf-würzige Soße Nam Prik („Chili-Wasser"). Sie enthält getrocknete Garnelenpaste, mit Palmzucker zerriebene Chilis und Knoblauch. Das alles wird mit Fischsoße und Limettensaft glatt gerührt. Nam Prik passt außerdem gut zu Saté-Spießen (in Ergänzung zum Erdnussdip) und gebratenem oder getrocknetem Fisch.
Nicht nur als rohes Würzkraut schätzt man in Japan, Vietnam und Korea die Perilla (in Japan heißt sie Shiso). Eingelegtes Gemüse, das auf den Märkten in Folie eingeschweißt zum Verkauf bereit liegt, erhält seine intensive purpurrote Färbung von Perilla.

Shiso, Perilla

Perilla frutescens

einjährig, versamt sich leicht

Kraut und Blütenstände des Lippenblütlers finden in der japanischen Küche vielfältige Verwendung. Das füllige Aroma erinnert an Zimt, Kümmel, Zitrus und Koriander. Rote Perilla ist im Geschmack dezenter.

▸ **Kultur** Perilla braucht viel Wärme und gut durchlässigen Boden. Man sät sie direkt auf ein Beet im Freien. Eine Vorkultur in Topfplatten ist im Frühjahr möglich. Kleine Mengen können Sie ab August im Topf heranziehen, um noch bis Oktober ernten zu können. Die Pflanzen sterben bei Frost ab, versamen sich aber, sodass im Folgejahr wieder Pflanzen keimen.

▸ **Ernte** Keimlinge ziehen (z. B. vom Vereinzeln) und verwerten, Blätter nach Bedarf pflücken. Am besten die Spitzen auszwicken, um einen buschigeren Wuchs zu erzielen. Immer sofort verwerten, da das Kraut sehr schnell welkt.

▸ **Verwendung** Als aromatische Beimischung zu Salaten, Blätter und Blütenstände als Dekoration von Speisen. Rote Perilla zum Einfärben von Laken. In Japan gehört Grüne Perilla zu Sushi und Sashimi.

Houttuynia, Vap Ca

Houttuynia cordata

nur bedingt winterhart

In Südostasien schätzt man diese Staude mit fleischigen Trieben und herzförmigen Blättern sehr, bei westlichen Gourmets kommt sie weniger an. Ursprünglich in Japan heimisch, wächst sie inzwischen an vielen Stellen in Ostasien wild. Der Geschmack erinnert sehr an Koriander.

▸ Kultur Die Staude gedeiht in feuchtem Boden, in einem Sumpfbeet oder am Teichrand. Vor allem die Sorte 'Chamaeleon' mit ihren rot, gelb und grün gefleckten Blättern eignet sich als Zierpflanze, braucht aber einen sonnigen Platz. Im Juli/August erscheinen hübsche schneeweiße Blüten mit grüner Mitte. In milden Lagen ist die Staude in Mitteleuropa winterhart.

▸ Ernte Blätter oder ganze Stängel können Sie in geringen Mengen vom Frühling bis zum Herbst abnehmen. Je nach Herkunft fällt der Geschmack unterschiedlich aus.

▸ Verwendung In Vietnam dünstet man das gehackte Kraut mit Fisch und Huhn. Rohe Stängel werden mit anderem rohen Gemüse zusammen mit einer sehr scharfen Soße (Nam Prik) als Beilage gereicht.

Vietnamesischer Koriander

Persicaria odorata

frostempfindliche Staude

Das Knöterichgewächs befindet sich unter verschiedenen Bezeichnungen bei uns im Handel: Rau Ram, Vietnamesisches Basilikum, Laksablatt oder Wohlriechernder Knöterich. An fleischigen Trieben mit deutlichen Knoten sitzen längliche, spitz zulaufende Blätter, die eine violettbraune, V-förmige Zeichnung aufweisen.

▸ Kultur Das buschige Kraut gedeiht den Sommer gut in einem Wassertrog oder am Teichrand. Den Winter über muss es im Topf an einem hellen, nicht zu warmen Platz stehen. Die Stängelbasis verholzt bald, ein Rückschnitt regt die Bildung neuer Triebe an.

▸ Ernte Von der wüchsigen Pflanze nehmen Sie am besten ganze Triebstücke, nicht nur einzelne Blätter ab, um die Verzweigung zu fördern.

▸ Verwendung In Südostasien würzt das eigenwillige Kraut Salate mit Fleischstreifen, Kohlgerichte und Fischsuppen. Das Koriander-Aroma harmoniert mit Chili, Ingwer und Zitronengras. Rau Ram verträgt Kochen besser als Blatt-Koriander und wird bei der Zubereitung eine Weile mitgegart.

Kochen im Asia-Stil

Das umfassende Sinneserlebnis, das die südostasiatische Küche bereitet, beruht auf einer Fülle fein aufeinander abgestimmter Aromen. Neben Gewürzmischungen und Kräutern verwendet man verschiedene Grundsoßen und Pasten.

Bei der Zubereitung kommt es immer darauf an, die Frische des Gemüses und die Eigenheit des Fleisches zu bewahren. Beim Braten und Dünsten im Wok wird bei hoher Temperatur rasch gegart, die Hitzeeinwirkung bleibt auf das Notwendigste reduziert. Gemüse muss stets knackig bleiben, und vor allem müssen grüne Pflanzenteile ihre Farbe bewahren. Traditionell kocht man in Südostasien immer noch häufig über dem Holzkohlefeuer unter freiem Himmel. Der gusseiserne Wok erweist sich dabei als universelles Kochgerät zum Fritieren, Dünsten und Schmoren. Im Handel sind inzwischen bei uns technisch ausgereifte Elektro-Woks erhältlich, die beste Kochergebnisse liefern und hinterher leicht zu reinigen sind. Wo es an Stauraum für einen voluminösen Wok fehlt, leistet eine hochwertige Pfanne ebenfalls gute Dienste, sofern die Portionen begrenzt bleiben.

◂ **Einfaches Wokgericht** mit Grünspargel und Pak Choi (oder Mangold). Zunächst werden Ingwer, rosa Schalotten und eine kleine rote Chilischote (alles klein gehackt) glasig gedünstet. Der in Stücke geschnittene Spargel wird unter Rühren 3 Minuten lang mitgegart. Man gibt die Pak-Choi-Stiele hinzu und nach weiteren 3 Minuten Rühren kommen die Blätter in den Wok. Gemüsefond, Teriyaki-Soße und Zimmerknoblauch sorgen für zusätzliche Würze. Garnieren Sie alles mit Korianderblättern.

2 ▲ Mit einer reichhaltig gedeckten Tafel wird in Südostasien jede Mahlzeit zum Ereignis. Eintöpfe, Suppen, Wokgerichte, Herbströllchen, verschiedene Salate, rohe Stängel, Dips und Soßen stehen gleichzeitig bereit. Jeder bedient sich nach Belieben und holt sich auf den Teller, wonach ihm gerade der Sinn steht. Gewürze und Kräuter werden nicht einfach willkürlich gemischt: Jede Region, jede Küche besitzt überlieferte Rezepte, wonach die Zutaten sowie die Art und Weise der Zubereitung festgelegt sind.

Mut zu neuartigem Würzen

Authentisch schmeckt es nur mit den geeigneten Soßen und Pasten: Soja- und Fischsoße sind unerlässlich, ebenso Curryzubereitungen und gerade für die thailändische Küche rote und grüne Currypaste (siehe Seite 24). Richtig liegen Sie, wenn Sie Gemüse der Saison in mundgerechte Stücke schneiden, im Wok dünsten, danach Kokosmilch aufgießen und die Brühe mit Zitronengras und Ingwer oder Galgant kurz aufkochen. Ergänzt um Cashewnüsse, die man kurz mitbrät, und garniert mit Blättern von Minze und Frucht-Salbei schmeckt das Gericht angenehm exotisch.

Unbedingt zum Essen gehört gedämpfter Reis: Basmati- oder Duftreis bringt einen feinen Eigengeschmack mit. Klebreis dagegen lässt sich einfacher mit Stäbchen essen und passt besser zur milderen japanischen Küche.

Ingwer: Aroma und Medizin

In ganz Süd-, Südost und Ostasien wird „Ingwerwurzel“ (*Zingiber officinale*) gerne und oft verwendet. Das komplexe Inhaltsstoffgemisch Gingerol sorgt für brennend scharfen Geschmack, fördert aber auch die Verdauung, stimuliert das Immunsystem, senkt den Cholesterinspiegel und wirkt gegen Übelkeit. Üblicherweise wird Ingwer zu Fisch gereicht, um den Fischgeruch zu überdecken. In Japan kennt man verschiedene saure oder süßsaure Zubereitungsformen für eingelegten Ingwer. Und in Korea gehört Ingwer zum sauer eingelegten Gemüse Kimchi. Über Indien kam die Vorliebe für Ingwer schließlich nach England. Dort, in der ehemaligen Kolonialmacht, würzt man allerlei pikante Gerichte und ebenso Gebäck mit Ingwer.
Das Rhizom, die unterirdische Sprossachse, wird bei uns frisch oder getrocknet angeboten. Die dünn geschnittenen Scheiben gibt man direkt an die Speisen. Von geriebenem Ingwer kann man den Saft abpressen, um Soßen und Dressings zu aromatisieren. Ähnlich wie Ingwer – nur mehr kampfer- und zitronenartig sauer – schmeckt Galgant (*Alpinia galanga*). Das große, knollige Rhizom ist gelbbraun gefärbt. Wegen der holzig-faserigen Konsistenz werden die Scheiben zwar mitgekocht, aber nicht verzehrt.

Der knospige Blütenstand des Ingwers besitzt auffällige Deckschuppen.

Ingwer als Kübelpflanze

Frisch gekaufte Rhizome sind keimfähig. Sowohl Ingwer mit seinem bambusähnlichen Wuchs als auch die ähnliche Safranwurz (*Curcuma roscoeana*) eignen sich als Zierpflanzen für Wintergärten und warme Blumenfenster. Sie brauchen tropische Temperaturen und stets feuchte Erde. Die Pflanzen gedeihen in tonhaltiger Topferde mit Sandzusatz; sie wollen warm, hell, aber geschützt vor direkter Sonne stehen. In den Tropen erreichen die Blattschäfte Höhen von rund 1,50 m, in Kultur fällt die Größe bescheidener aus. Mit etwas Glück schieben sich im Spätsommer die zapfenförmigen Blütenstände mit auffällig gefärbten Deckblättern empor. Daraus entwickeln sich gelbe Einzelblüten mit violetter Lippe. Die Blätter sterben im Spätherbst ab. Während der Ruhezeit müssen die Pflanzen völlig trocken stehen. Erst wenn sich erneut Blätter zeigen, wird wieder gegossen. In dieser Zeit kann man die Pflanzen umtopfen und bei Bedarf teilen.

Die Knollen des Ingwers *bleiben geschält, getrocknet und gekalkt lange haltbar.*

Scharfe Beilage

Die Japaner legen Ingwertriebe oder geraspeltes Rhizom sauer oder süßsauer ein. Perilla in der Lake sorgt für eine appetitliche Rotfärbung. Als Dekoration und Würzkraut verwendet man in Japan außerdem den Myoga-Ingwer (*Zingiber mioga*). Diese Art wächst in den Bergen Japans und in gemäßigten Regionen Chinas. Sie zeigt sich in Kultur relativ anspruchslos und wüchsig; sie hält sogar leichte Fröste aus. Die Japaner würzen viele Speisen mit Myoga: Klein gehackt streut man es über fertig gegarte Gerichte oder man reicht die zarten Triebe als Rohkost, zum Beispiel zu Sushi und Sashimi (siehe Seite 29). Der leicht scharfe Geschmack weist eine Spur von Orangenschalenaroma auf. Die abgenommenen Rhizomspitzen wachsen rasch wieder nach. Japaner schätzen auch die Blütenknospen, die sich knapp über dem Erdboden bereits im ersten Jahr entwickeln. Die Pflanzen ziehen im Spätherbst ein und sollten bis Anfang März kühl und nahezu trocken stehen.

SMART

Scharfes Naschwerk

- **Kandierter Ingwer** wird aus den jungen Knollen hergestellt, die noch nicht so viel Schärfe enthalten. Sie werden dafür in dickem Sirup gekocht, an der Luft getrocknet und in Zucker gewälzt.

Curry – polyglotte Mischung

Die Gewürzmischung Curry stammt ursprünglich aus dem indischen Raum, mittlerweile kennt man sie weltweit. Je nach Region und Verwendung enthält sie 10 bis 20 verschiedene Gewürze. Als Hauptbestandteil enthält Currypulver die Gelbwurzel (Kurkuma), die zugleich die gelbe Farbe ausmacht. Die weiteren Zutaten lesen sich wie das „Who's who" der weltweiten Gewürzhitliste: Ingwer, Pfeffer, Muskatnuss und Muskatblüte, Gewürznelken, Piment, Paprika, Chili, Zimt, Koriander, Kreuzkümmel, Kardamom, Zitronengras. Gelegentlich fügt man noch Senfsamen, Anis und Bockshornklee bei, die Blätter des Currybaumes (*Murraya koenigii*) werden seltener mit verwendet. Alle Zutaten werden so fein vermahlen, dass die einzelnen Gewürze nicht mehr zu erkennen sind.
Auch im Geschmack soll kein Gewürz hervortreten.
Hierzulande kennen wir fertig gemischtes Currypulver, das im Gewürzregal für gelegentliche Einsätze bereit steht. In Indien dagegen lassen sich Köche und Köchinnen ihre Currymischungen vom Gewürzhändler für bestimmte Speisen extra zusammenstellen. Entsprechend variiert die Färbung in allen Schattierungen zwischen Dottergelb, Ocker und Rotbraun.
Curry verwendet man traditionell zum Würzen von Reis, Hirse und Hülsenfrüchten. Tatsächlich besitzen diese stärkereichen Grundnahrungsmittel so wenig Eigenaroma, dass es intensiver Gewürze bedarf, um die Speisen interessanter zu machen. Außerdem harmoniert Curry gut mit Geflügel und gehört reichlich in die andalusische Paella.
Bedingt durch den Kurkuma-Anteil ist Curry lichtempfindlich. Es muss in lichtdichten Behältern aufbewahrt werden.

Fünf-Gewürze-Pulver

Das Fünf-Gewürze-Pulver verkörpert die in der chinesischen Esskulter so wichtige Ausgewogenheit der fünf Aromen (salzig, sauer, bitter, scharf und süß).

Diese chinesische Gewürzmischung enthält fein zermahlene schwarze Pfefferkörner, Sternanis, Fenchelsamen, Gewürznelken und Zimt.

Für Geflügel- und Fischgerichte eignet sie sich besonders gut. Sparsam würzt man damit Brühen und Marinaden.

Rotes und Grünes Curry

Die Aromenfülle der thailändischen Küche beruht auf den ausgewogenen Geschmacksnoten von Currypasten, Fisch- und Sojasoßen, Gewürz- und Kräutermischungen. Dazu kommen als Würze Garnelenpaste oder getrocknete Garnelen. Interessant und intensiv schmecken Wokgerichte

Curry-Mischungen weisen je nach Zutaten unterschiedliche Farbtöne auf.

oder Eintöpfe mit Roter oder Grüner Currypaste. Die Zubereitung bereitet im Mörser oder mit Hilfe eines Stabmixers wenig Mühe, sofern es gelingt, alle Zutaten zusammen zutragen (Rezept siehe Kasten). Die in der Regel besonders scharfe Grüne Currypaste passt gut zu Fisch und Meeresfrüchten, Huhn und Gemüse. Rotes Curry besteht aus ähnlichen Zutaten, nur eben aus roten Chilischoten, allerdings ohne die frischen Kräuter. Die rote Paste harmoniert bestens mit Rind, Wild, Ente und Schweinefleisch.

SMART

Rezept für Grünes Curry

› **Zutaten:**
15 kleine grüne Chilis,
2 TL Koriandersamen,
1 TL Kreuzkümmelsamen,
1 TL Garnelenpaste,
2 TL gehackter Galgant,
2 in Scheiben geschnittene Stängel Zitronengras,
3 zerdrückte Knoblauchzehen,
4 gehackte Schalotten,
1 TL schwarzer Pfeffer,
½ TL gemahlene Muskatnuss,
1 kleiner Bund Korianderkraut,
4 EL Thai-Basilikum
und die abgeriebene Schale einer Kaffirlimette.

Die Mischung wird im Mörser zu einer Paste verrührt. Die Schärfe lässt sich mildern, indem man weniger Chilis nimmt oder die Früchte entkernt.

Kräuter mit Curry-Geschmack

Ein durchdringendes Curry-Aroma besitzen nicht nur die Blätter des Currybaumes, sondern auch das Currykraut. Die beiden Pflanzen stehen in keiner verwandtschaftlichen Beziehung zueinander.

Der Currybaum, auch als Curryblatt (*Murraya koenigii*) bezeichnet, stammt aus Südasien. In Indien zieht man den Strauch oder Baum in den Hausgärten als Nutz- und als Zierpflanze. In den Tropen erreicht er Höhen von 6 m bei 5 m Breite. Hierzulande hält man das Curryblatt als Kübelpflanze, die im Winter einen entsprechenden Platz in einem temperierten Zimmer braucht. Die Temperaturen sollten dabei nicht unter 13 °C fallen. Die Pflanze trägt gefiederte Blätter mit spitz zulaufenden Fiederblättchen. Das dunkelgrüne Laub schmeckt leicht bitter und angenehm aromatisch mit leichter Zitrusnote; beim Zerreiben wird ein unverkennbarer Currygeruch freigesetzt. Keine Sorge, wenn die Pflanze im Winter ihr Laub verliert – das ist normal und sie werden nach kurzer Zeit wieder ersetzt. Bei guter Pflege entwickeln sich die weißen, sternförmigen Blüten in Büscheln. Mit der Zeit bilden sich Wurzelsprosse, die Sie für die Vermehrung leicht abnehmen können.

Das Curryblatt wirkt durch die langen, gefiederten Blätter dekorativ.

In der asiatischen Küche fügt man die Blätter während der Zubereitung den Speisen zu, entfernt sie jedoch vor dem Servieren. Vor allem Linsengerichte, Huhn- oder Lammcurrys würzt man in Indien und Sri Lanka mit dem Curryblatt. Verwenden Sie immer frisch gepflückte Blätter, das getrocknete Laub verliert sein Aroma rasch.

Currykraut schmückt Küchengärten und auch Staudenrabatten.

Curryduft für die Rabatte

Currykraut (*Helichrysum italicum*, *H. angustifolium*) trägt seinen Namen zu Recht: Es verströmt einen intensiven Currygeruch. Die Pflanze wächst wild an trockenen, heißen Standorten in Südeuropa. Der Strauch mit seinen aufstrebenden Trieben wird zur Blütezeit etwa 60 cm hoch. Die schmalen, länglichen, fast nadelartigen Blätter sind filzig behaart und schimmern dadurch grau. Die sattgelben Blüten stehen in rundlichen, kleinen Köpfchen in dichten Büscheln.

Die Verwandte der Strohblume kommt mit jedem Boden zurecht und liebt kalkhaltige Schotter- oder Lehmböden. Das winterharte Currykraut passt an den trockenen Rand einer Staudenrabatte und bringt Farbe in jede Kräuterspirale. Die Blätter des Currykrautes können Sie in der Küche als Curry-Ersatz verwenden – allerdings sollte es aufgrund des intensiven Aromas sparsam eingesetzt werden. Es passt als Würzkraut zu schlichten Reisspeisen; Vorsicht ist bei zutatenreichen Gerichten angebracht. Dekorieren Sie doch mal Curry-Eintöpfe stilvoll und farblich passend mit den Blütenständen!

Milde Aromen aus Japan

Kaum irgendwo wird die Ästhetik des Essens derart zelebriert wie in Japan. Verschiedene Speisen, angerichtet in verschiedenen hübschen Schälchen, werden kunstvoll arrangiert. Als Dekoration dienen essbare Blätter und Blüten.

Japaner lieben die Natur und geben gern der Mahlzeit eine jahreszeitliche Komponente: Blanchierte Austriebe von Funkien (*Hosta*) oder Farnen zeigen zum Beispiel das Frühjahr an, im Herbst schmücken die filigranen (und ebenfalls essbaren Blätter) des Fächer-Ahorns die Tafel.

Schärfe durch Wasabi

Die eher milden japanischen Gerichte werden ergänzt durch Soja- und Fischsoße. Wasabi in Form kleiner grüner Kleckse begleitet stets den rohen Fisch: Der pikant scharfe Japanische Meerrettich (*Wasabi japonica*) wächst entlang japanischer Gebirgsbäche. Für seinen Anbau legt man in einigen Landesteilen Japans terrassierte Kiesbeete an, die von klarem, kaltem Wasser durchströmt werden. Wasabi gilt als die älteste japanische Nutzpflanze. Verwendung findet das grüne Rhizom. Es sollte immer frisch verarbei-

1 ◂ **Absolute Frische** ist die Grundvoraussetzung für Sushi. Die belegten oder gefüllten Häppchen aus Reis sind in aller Regel mit rohem Fisch belegt oder gefüllt. Man kennt aber auch Sushi-Variationen mit Ei oder Gemüse wie Auberginen. Der Reis wird mit der Hand geformt und mit Fisch belegt. Oder man breitet Reis auf einer Bambusmatte aus, belegt ihn mit Fisch und formt daraus eine Rolle. Sushi wird üblicherweise als vollständige Mahlzeit verzehrt.

tet werden, denn geriebenen verliert es bereits nach zehn Minuten an Aroma. Meist genießt man jedoch mit Senf verlängerten Wasabi.

Shiso und Myoga

Während Wasabi mit seinen antibakteriellen und verdauungsfördernden Inhaltsstoffen zum rohen Fisch gehört, begleiten die jungen Triebe des Myoga-Ingwers (*Zingiber mioga*) gegrillten Fisch. Die Triebe mit weißer Basis, rotem Blattgrund und grünen Sprossen bringen Farbe auf den Tisch. Und schließlich dienen die Blätter sowie die herb-aromatischen Blütenstände des rotblättrigen Shiso häufig als Dekoration. Mit Shiso würzt und dekoriert man Salate, Tofu, Suppen und Reis.
Blühende Shiso-Stängel begleiten außerdem alle Formen von Tempura. Dafür zieht man Gemüse, Krabben oder Blüten durch einen dünnen Teig und frittiert alles kurz in heißem Öl.
Schließlich dienen Shiso-Blätter – neben den dunkelgrünen Nori-Algen – dazu, Fisch für Sushi einzuwickeln. Sushi bezeichnet übrigens Zubereitungen von rohem Fisch mit Reis, die als eigenständige Mahlzeit gelten. Dagegen handelt es sich bei Sashimi um eine Vorspeise aus rohem, in dünne Scheiben geschnittenem Fisch. Er wird kunstvoll angerichtet und ohne weitere Beilagen genossen.

2

▲ **Ein Genuss** sind sowohl die Blüten als auch die Blätter der Speise-Chrysantheme (*Chrysanthemum coronarium*). Die Japaner verwenden die Shungiku genannten Blumen häufig, um Speisen zu dekorieren. Säen Sie die Pflanze in nährstoffreichen Boden an einem offenen, sonnigen Platz und gießen Sie regelmäßig. Die tief geteilten, weichen Blätter können Sie bei Bedarf pflücken. In Japan genießt man sie – kurz gedünstet – mit Sojasoße und Sesamsamen zusammen mit Shiso. Der Geschmack ist mild-herb, bei heißer Sommerwitterung überwiegen die Bitterstoffe. Die zitronengelben Korbblüten erscheinen ab Juni einzeln an den Stängeln. Sie schmecken mild aromatisch in Salaten oder als Tempura.

Von mild bis scharf

Kräuter aus der Neuen Welt

Mit mexikanischen Gerichten verbinden viele die pfefferscharfe Würze der Chili und der Gewürz-Paprika. Tatsächlich sind die Mexikaner stolz darauf, die schärfsten Gerichte der Welt verzehren zu können. Chili-scharf liebt man es in ganz Mittelamerika, aber ebenso im Südwesten der USA. Von dort stammen weitere interessante Küchen- und Teekräuter.

Der Oregano des Mittleren Westens

Unter dem Namen „Mexikanischer Oregano" werden derzeit zwei Arten angeboten: *Poliomintha longiflora* hat lange, essbare Röhrenblüten, die sich weiß öffnen und später pinkfarben sind. Dagegen trägt *Lippia graveolens* (eine nahe Verwandte der Zitronen-Verbene, siehe Seite 39) weiße, süßlich duftende Blüten. Die Blätter beider Lippenblütler besitzen ein ausgeprägtes, pfeffriges Oregano-Aroma. Es bleibt beim Trocknen gut erhalten. Vor allem *Lippia* wird in weiten Landesteilen für typisch mexikanische Gerichte eingesetzt, etwa für Chili con Carne, ein Eintopfgericht mit Schmorfleisch und Dicken Bohnen.
Poliomintha, die von den Hopi-Indianern seit alters genutzt wird, zieht man bei uns im Topf und überwintert sie im Haus. Die Pflanze zeigt sich in Kultur sehr nässeempfindlich und gedeiht besser bei sparsamen Wassergaben.

Die Blütenköpfchen der eigenwilligen Parakresse sind ebenso essbar wie die Blätter mit den rötlichen Stielen.

Mit Vorsicht zu genießen!

Ein besonders Geschmackserlebnis bietet die Parakresse aus dem tropischen Brasilien (*Acmella oleracea*). Der Korbblütler trägt kleine, kompakte, gelbe bis braune Blütenköpfchen. Achtung, die geruchlose Pflanze setzt ihre Aromastoffe erst beim Kauen frei: Der zunächst pikant-salzige Geschmack wandelt sich zu einer brennenden Schärfe, welche die Geschmacksnerven reizt. Neben den *Agastache*-Arten (siehe Seite 38) stammen einige feine Teekräuter aus Mittelamerika und aus den südlichen Vereinigten Staaten. Inzwischen hat man bei uns die scharlachrot blühende Goldmelisse (*Monarda didyma*) als attraktive Beetstaude für sonnige Plätze entdeckt. Alle Teile der Pflanzen riechen orangen- bis minzeartig. Die Blüten ergeben einen angenehm schmeckenden Tee. Als essbare Garnierung streut man sie über Salate und süße Gerichte. Die Blätter bewahren ihr Aroma lange und finden in Potpourris Verwendung. In den USA heißt die Art auch „Wild Bergamot“; man bereitet daraus Oswego-Tea, dem eine heilende Wirkung nachgesagt wird. Ein etwas intensiveres Aroma besitzt die Wilde Monarde (*Monarda fistulosa*). Diese rund 80 cm hohe Beetstaude trägt lila Blütenquirle und kommt selbst mit sehr trockenen Standorten zurecht. Das stark würzige Blatt passt zu Fleisch oder bereichert Teemischungen. Dagegen erinnert *M. fistulosa* var. *menthaefolia* im Geschmack sehr an Oregano und wird entsprechend als Würzkraut eingesetzt. Die etwa 70 cm hohe Zitronen-Monarde (*Monarda citriodora*) trägt Quirle aus rosalila Blüten und ihre Blätter duften stark zitrusartig. Alle Monarden blühen lange im Hochsommer und sind ein Nektar-Eldorado für Wildbienen.

Die Goldmelisse schmückt mit hellroten, schmalen Lippenblüten.

SMART

Monarden genießen

- **Blüten oder Blätter** der Goldmelisse aromatisieren Schwarzen Tee.
- **Frische Blüten** schmecken auf belegten Broten mit Frischkäse und Gurken.
- **Monarden-Blätter,** Petersilie und frisch gepresster Orangensaft ergeben eine Salsa für Grillfleisch.

Universell: Kardamom

Das Ingwergewächs Kardamom (*Elettaria cardamomum*) zählt neben Safran und Vanille zu den feinsten – und teuersten! – Gewürzen. Geerntet und gehandelt wird die ganze getrocknete Frucht, aber nur die darin enthaltenen Samen tragen die Aromastoffe. Vor allem in der indischen und arabischen Küche wird das Gewürz gerne verwendet. Ursprünglich wuchs die Pflanze an den Hängen der Cardamom Hills, einem Teil des West-Ghats-Gebirges an der indischen Malabarküste. Angebaut wird Kardamom in kleinbäuerlichen Betrieben in Indien, Sri Lanka, Thailand, Laos, Mittelamerika und Papua Neuguinea. Die schilfartige Staude erreicht in den Tropen beachtliche Größen von mehr als 4 m, als Topfpflanze wird sie bestenfalls 1,50 m hoch. Aus den kräftigen Wurzelsprossen entspringen lanzettliche, handbreite Blätter von etwa 80 cm Länge. Die Blütenschäfte treiben direkt aus dem Rhizom. Die bis zu 60 cm langen Rispen tragen weiße Einzelblüten, deren Blütenblätter auf einer Seite zu einer gelben oder blauvioletten Lippe verwachsen sind. Als Frucht entwickelt sich eine grünlich gelbe, dreieckige Samenkapsel von 2 cm Länge und 1 cm Breite. Sie birgt 12 bis 18 der kleinen, rotbraunen Samen. Die Pflanze braucht zwar keine besonders hohen Temperaturen, aber sie benötigt ein gleichmäßig warmes, feuchtes Klima. Man stellt sie daher am besten im Wintergarten oder im beheizten Kleingewächshaus auf.
Unter günstigen Bedingungen wächst Kardamom zügig heran. Die Pflanze sollte halbschattig stehen, da in voller Sonne die Blätter verbrennen. Vermehrt wird sie sehr einfach durch Rhizomteilung oder über Rhizomschnittlinge. Blüten und Früchte entwickeln sich in Mitteleuropa selten.
Das Gewürz wird in der Regel als ganze, getrocknete Frucht gehandelt. Die Samen

Die grünen Fruchtkapseln enthalten kleine, dunkelbraune Samen.

als Träger des lichtempfindlichen Gewürzstoffes bleiben bis zur Verwendung in den Kapseln. Frische Kapseln bergen klebrige, angenehm würzig riechende Samenkörner. Sie enthalten ätherische Öle mit dem Hauptbestandteil Cineol. Im Handel angebotener, gemahlener Kardamom ist häufig mit Anteilen aromafreier Kapselschalen gestreckt. Das Gewürz wirkt verdauungsfördend und regt sowohl den Appetit als auch den Kreislauf an.

Kardamom entwickelt sich im Topf zu einer dekorativen Grünpflanze.

Kardamom in der Küche

Die Samen besitzen eine starke Würzkraft, unverkennbar ist ihr leicht süßlicher, fruchtiger, aber doch leicht scharfer und bittersüßer Geschmack. Kardamom gehört als wichtiger Bestandteil zu vielen Gewürzmischungen, unter anderen zu Curry, Masala und der arabischen Mischung Baharat. Kardamom würzt Süßes wie Pikantes. In Mitteleuropa verwendet man ihn hauptsächlich in Gewürzkuchen und Feingebäck, zum Aromatisieren von Likören, als Wurstgewürz oder in Brot. Traditionell ist Kardamom ein Bestandteil von Lebkuchengewürz. Kardamom passt aber ebenso zu Entenbraten und deftigen Fleischeintöpfen.

SMART

Für Kaffee und Tee

- **In den arabischen** Ländern würzt man den Kaffee mit Kardamom. Dabei wird eine Kapsel in die Tülle der Kanne gesteckt, und der Kaffee fließt beim Ausgießen darüber.
- **In Indien** dagegen aromatisiert man Schwarzen Tee (chai) mit Kardamomsamen.

Zitrusfrisches Aroma

Neben den Zitrusgewächsen mit wirtschaftlicher Bedeutung, beispielsweise Orangen, Zitronen und Mandarinen, sind einige Arten wichtige Aromapflanzen. Zitrusgewächse besitzen festes, glänzendes Laub und meist weiße, fünfzählige Blüten, die intensiv und süßlich duften. Die Früchte brauchen Monate, um auszureifen. In Kultur werden die Sorten in aller Regel auf die Bitterorange (*Poncirus trifoliata*) oder auf die Pomeranze (*Citrus aurantium*) veredelt.

Die Bergamotte reift nur unter günstigen Bedingungen aus.

Beliebtes Duftöl

Die relativ kälteverträgliche Pomeranze wird hierzulande als Kübelpflanze angeboten. Die apfelgroßen, orangefarbenen Früchte mit rauer Schale eignen sich nicht für den Frischverzehr. Die Briten lieben ihre „marmelade“, die sie aus den Schalen der „Bitter Orange“ herstellen. Aus den Schalen mit hohem Gehalt an ätherischen Ölen wird das Neroliöl gewonnen, die Grundkomponente von Kölnisch Wasser. Schon seit Jahrhunderten setzt man das Öl als Mittel gegen Kopfschmerzen ein. Die getrockneten Blüten finden sich häufig in Teemischungen mit beruhigender, schlaffördernder Wirkung. Dagegen verwendet man das Öl der Bergamotte (*Citrus bergamia*), um Schwarzem Tee das Earl-Grey-Aroma zu verleihen. Die blassgelbe Frucht der Bergamotte hat die Form einer Birne.

Zierliche Zimmerpflanze

Für die Zimmerkultur kommt die Kumquat (*Fortunella margarita*) in Frage. Die zierliche Pflanze behält ihren gedrungenen Wuchs und lässt sich leicht zurückschneiden. Nach kühler, heller Überwinterung blüht die Kumquat reich und setzt bereitwillig ihre pflaumengroßen, sauer-aromatischen Früchte an. Diese werden ungeschält verspeist oder man verarbeitet sie zu Marmelade. Reichlich fruchtet die ebenfalls kleinwüchsige Calamondin (× *Citrofortunella mitis*). Sie trägt fast das ganze Jahr über Blüten und Früchte, die Hauptzeit der Fruchtreife fällt in den Dezember.

Alle Zitrusgewächse verlangen nährstoffreiche, leicht saure Erde, die eine Beimischung aus Lehm und Sand erhält. Ebenfalls eignet sich Torfersatz auf Kokosbasis gut (Kokohum). Unten in das Pflanzgefäß kommt eine 4 cm dicke Schicht aus Splitt zur Dränage. Zitrusarten brauchen regelmäßige Wassergaben, reagieren aber empfindlich, wenn Staunässe auftritt. Am besten gießt man mit Regenwasser oder enthärtetem Wasser. Kalkhaltiges Leitungswasser führt auf Dauer zu schwachem Wachstum und zu Blattverfärbungen. Gedüngt wird alle zwei Wochen mit kalihaltigem Dünger. Zitrusgewächse gedeihen nur, wenn sie von Frühjahr bis Sommer hell und sonnig stehen. Im Winter genügen ihnen Temperaturen knapp über dem Gefrierpunkt, ein zu warmer Platz bekommt ihnen nicht. Während der kalten Jahreszeit gießt man nur spärlich. Wer den Versuch unternimmt, „Kerne" aus Zitrusfrüchten auszusäen, wird feststellen, dass die Nachkommen recht unterschiedlich und anders als die Mutterpflanze aussehen. Die Blätter besitzen dann häufig die geflügelten Stiele der Pomeranze. Solche genetisch abweichenden Pflanzen fruchten in aller Regel nicht. Aus Japan stammt die hellgelbe Yuzu-Frucht (*Citrus junos*). Ihr intensiver, erfrischender Geschmack erinnert an eine milde Grapefruit. Nur der äußerste Teil der Schale wird dünn geschält, ansonsten isst man die weiche, aromatische Schale mit. Aus gepresstem Yuzu-Saft entstehen durstlöschende Softdrinks.

Die Kumquat gedeiht gut als Topfpflanze, verträgt aber keine Zugluft.

SMART

Konservieren

- **Getrocknet** hält sich das Zitrusaroma fast unbegrenzt. In Streifen geschnittene Schalen von Bitterorange und Orange legt man auf ein Gitter und lässt sie drei bis vier Tage trocknen.
- **Ganze getrocknete Limetten** aromatisieren deftige Eintöpfe.

Teepflanzen für Genießer

Milde, fruchtige oder würzige Teekräuter bieten dem Gaumen Abwechslung zu Softdrinks oder coffeinhaltigen Getränken.

Tee aus Kräutern bekommt nicht nur an kühlen Tagen, milde Aufgüsse löschen – lauwarm oder gekühlt getrunken – bei heißem Wetter den Durst besser als Limonaden. Sie führen dem Körper Mineralstoffe zu, belasten aber den Stoffwechsel weniger als etwa Kaffee. Manche Teekräuter besitzen aufgrund ihrer pflanzlichen Inhaltsstoffe eine medizinische Wirkung. Ihr häufiger Genuss sollte nicht ohne Rücksprache mit einem Arzt oder Apotheker erfolgen. Eine Selbstmedikation mit vermeintlich „harmlosen“ Naturheilmitteln kann fatale Folgen haben. Die hier vorgestellten Teekräuter können Sie aber bedenkenlos genießen. Großes Potenzial bergen die verschiedenen Duftnesseln (*Agastache*). Die Arten aus Ostasien oder Mittel- und Südamerika besitzen milde, süß-würzige Aromen und ihre Blüten duften angenehm. Dank der langen Blütezeit sind sie gute Beetstauden oder dankbare Kübelpflanzen. Nach Duft und Geschmack unterscheidet man Aniskraut (*Agastache foeniculum*), Lemon-Aniskraut (*A. mexicana*) oder Orangenduft-Aniskraut (*A. cana*).

Koreanische Minze

Agastache rugosa

winterharte Staude

Die etwa 80 cm hohe Pflanze, auch „Koreanischer Fenchel“ genannt, passt gut auf die Kräuterspirale oder an den Rand einer Staudenrabatte.

▸ Pflanze Der Lippenblütler trägt auf steifen Stängeln aufrechte, blauviolette, weiße oder rosafarbene, sehr dichte Blütenähren. Dank ihrer langen Blütezeit von Juni bis Oktober locken sie Schmetterlinge und Wildbienen an.

▸ Kultur Die Koreanische Minze aus Ostasien sowie ihre Verwandten aus Südamerika gedeihen problemlos in einem sonnigen Beet. Der Boden sollte durch Splitt- und Sandzusatz eine gute Wasserführung erhalten.

▸ Ernte Nach Bedarf Blätter abnehmen. Kurz vor der Blüte haben junge Blätter das beste Aroma.

▸ Verwendung Für Tee mit Minze-Aroma. Die robusten Blätter eignen sich gut zum Trocknen und duften fein in Potpourris. Frisches Kraut harmoniert mit süßlichem Gemüse (Karotten, Rote Bete, Kürbis). Blüten dekorieren Obstsalat, Kompott oder Pudding.

Malve

Hibiscus sabdariffa* var. *sabdariffa

einjährige Pflanze

Das Eibischgewächs ist im tropischen Afrika zu Hause, wird aber in vielen Teilen der Welt kultiviert.

▸ Pflanze Die einjährige Pflanze mit roten Stängeln wächst aus Samen zu einem sparrig verzweigten Busch heran. Die dunkelgrünen Blätter sind drei- bis fünffach gelappt. Die sehr dekorativen, weißgelben, großen Blüten mit auffällig dunkelroter Mitte erscheinen im Spätsommer bis Herbst.

▸ Kultur Die Pflanze gedeiht bei viel Wärme an einem hellen Platz. Sie braucht lockere, nährstoffreiche, frische Erde mit Tonanteil. Regelmäßig düngen. Entspitzen sorgt für einen kompakteren Wuchs.

▸ Verwendung In der Küche nutzt man die fleischigen, mit der Fruchtreife dunkelroten Kelchblätter sowie die länglichen, grünen Außenkelche. Der frische Kelch schmeckt in Obstsalat und Süßspeisen. Aus dem getrockneten Kelch bereitet man „Malventee"; er schmeckt gut zusammen mit getrockneten Apfelstückchen und Hagebuttenschalen.

Zitronen-Verbene

Aloysia triphylla

kleiner Strauch

Der Strauch stammt aus Uruguay, Chile und Argentinien. In Frankreich schätzt man die „verveine", um einen erfrischenden Tee mit Zitrusaroma zu bereiten.

▸ Pflanze Die langen, oft überhängenden Triebe tragen längliche, glänzend grüne Blätter mit einem rauen Rand. Im Juli und August erscheinen duftige Blütenstände mit winzigen, weißlich lila Blüten.

▸ Kultur Die Zitronen-Verbene steht dem Sommer über am besten auf einer Terrasse an einem halbschattigen Platz. Sie braucht gute Topferde mit Sand- und Tonanteil und regelmäßige Wassergaben, sonst welkt sie rasch. Im Winter sollte sie einen hellen Platz im Haus bei Temperaturen von 3 bis 10 °C haben. Bei Lichtmangel und tiefen Temperaturen wirft die Pflanze die Blätter ab.

▸ Verwendung Frische Blätter können Sie nach Bedarf ernten und für Tee aufbrühen. Getrocknet behält das Laub sein Aroma für lange Zeit. Die Blätter aromatisieren auch Kompott und Marinaden.

Kräuter zum Süßen

Kräuter mit natürlichem Süßstoff versprechen kalorienfreien Genuss und sie eignen sich für Diabetiker-Speisen. Wegen der enormen Süßkraft verwendet man sie sparsam.

Das Süß- oder Zuckerkraut (*Stevia rebaudiana*) stammt aus dem südlichen Brasilien und Paraguay, es wird heute weltweit angebaut. Die Staude mit biegsamen Trieben und weichen Blättern gedeiht am besten im Topf auf der Fensterbank. Im Zimmer bleibt sie den Winter über grün. Bei Kälte, Lichtmangel oder Trockenheit zieht die Pflanze ein, um im Frühjahr bei steigenden Temperaturen wieder auszutreiben. Die meiste Süßkraft besitzen ältere Blätter. Zu lang gewordene Triebe kann man nach Belieben einkürzen, damit die Pflanze buschig wächst.

Kalorienfrei süßen

Die Blätter enthalten einen Süßstoff, der die Süßkraft des gewöhnlichen Haushaltszuckers um ein Vielfaches übersteigt. Der Extrakt Steviosid süßt sogar 300-mal so stark wie Haushaltszucker. In der Euro-

1 ◂ Das Aztekische Süßkraut (*Lippia dulcis*) trägt rautenförmige, fein gezackte und am Rand rötlich überlaufene Blätter. In den Blattachseln erscheinen kleine weiße, duftende Blütenköpfchen. Der immergrüne Halbstrauch legt im Winter keine Wachstumsruhe ein. Die zierliche Pflanze wächst in tonhaltiger Topferde zügig heran, sie benötigt regelmäßige, aber schwach dosierte Düngergaben. Wenn die Triebe zu lang werden, bringt ein Rückschnitt das Aztekische Süßkraut wieder in Form.

päischen Union steht die Zulassung als Nahrungsmittel erst noch bevor.
Einen natürlichen Süßstoff besitzt ebenfalls das Aztekische Süßkraut (*Lippia dulcis*). Es stammt aus dem tropischen Mittel- und Südamerika und wurde bereits von den Azteken genutzt – der deutsche Name bezieht sich darauf. Der immergrüne Halbstrauch entwickelt hängende Triebe und gedeiht im Topf an jedem hellen Fenster. Im Winter braucht die Pflanze Zimmertemperatur.

Frische oder getrocknete Blätter beider Süßkräuter passen zu Tees und Cocktails, aber auch zu allen Süßspeisen wie Milchreis oder Obstsalat. Die Blätter und die Blüten dekorieren Süßspeisen aller Art. Das herbsüße Aroma von *Lippia dulcis* harmoniert hervorragend mit Zitronen-Verbene, Melisse und Pfefferminzen. Die Speisen müssen rasch verzehrt werden, denn die Kräuter besitzen nicht die konservierende Wirkung von Haushaltszucker.

2

▲ Das Süßkraut (*Stevia rebaudiana*) entwickelt behaarte Triebe mit weichen, hellgrünen Blättern. Weiße Blüten bilden sich im Herbst an den Triebspitzen. Die Staude braucht für ihre dicken Speicherwurzeln ein großes Pflanzgefäß und reagiert empfindlich auf Staunässe. Die Topferde sollte eine Beimischung aus Ton und Sand enthalten. Die Pflanze bleibt den Winter über grün, treibt aber an lichtarmen Plätzen sehr lange, dünne Triebe. Blätter kann man im Herbst rechtzeitig abnehmen und trocknen.

Verwandte der Küchen-Zwiebel

Weltweit genießt man Zwiebeln aller Art. Knoblauch zählt zu ältesten Kulturpflanzen überhaupt.

Zwiebeln und Knoblauch besitzen viele positive Wirkungen: Die schwefelhaltigen Inhaltsstoffe, von denen der scharfe Geruch herrührt, hemmen das Wachstum von Bakterien und Hefen, sie senken den Blutdruck und den Blutzuckerspiegel.
Wer den starken Geschmack ablehnt und für seine Mitmenschen nicht unangenehm riechen will, findet zum Beispiel im Zimmerknoblauch (*Tulbaghia violacea*) einen guten Ersatz. Recht mild schmeckt außerdem der Acker-Knoblauch (*Allium ampeloprasum*), und auch der wilde Knoblauch Nordamerikas, *Allium canadense*, besitzt einen weniger durchdringenden Geschmack. Blätter, Zwiebeln und Blüten aller *Allium*-Arten sind essbar.
Alle Zwiebeln und Lauch-Arten verlangen eine durchlässige Erde und sind gute Mischkulturpartner im Gemüsegarten. Knoblauch in der Nähe von Rosen soll vor Sternrußtau schützen.

Schnitt-Knoblauch

Allium tuberosum

sommergrün, 30 cm hoch

Der China-Lauch, Schnitt-Knoblauch, Knollen-Lauch oder Knolau stammt aus Ostasien.

▸ Pflanze Die relativ dünnen, langen Blätter sind flach. Die weißen, sternförmigen Blüten erscheinen im Sommer in zierlichen Dolden. Der Geschmack der Blätter ist intensiver als beim herkömmlichen Schnittlauch. Der winterharte Schnitt-Knoblauch wächst als mehrjährige Pflanze und bildet keine Zwiebeln.

▸ Kultur Einfache Aussaat in Schalen oder Töpfen, am besten im Abstand von einigen Wochen immer wieder neu aussäen. Die Art gedeiht in jedem guten Gartenboden. Ältere Horste sind einfach zu teilen. Eine Kultur im Topf ist möglich.

▸ Verwendung Im Geschmack milder als Knoblauch und intensiver als Schnittlauch. Klein geschnitten regt das Blatt in Salaten und Quarkzubereitungen den Appetit an. Manche Auslesen bilden essbare Brutzwiebeln. Kurz blanchiert passen die Blätter zu vielen asiatischen Gerichten. In den Wok gibt man sie erst in der letzten Minute der Garzeit.

Winter-Zwiebel

Allium fistulosum

immergrün, 80 cm hoch

Die Winter-Heckenzwiebel, Winter-Zwiebel oder der Zwiebelröhrl stammt aus dem südlichen Sibirien.

▸ Pflanze Die am Grunde verdickten Blätter bilden länglich geformte Zwiebeln, die zu mehreren dicht nebeneinander stehen. Die Blätter oder Schlotten sind röhrig, rund und fest. Die steifen, dicken Stängel tragen im Hochsommer dichte Dolden aus gelben Blüten.

▸ Kultur Die mehrjährige, sehr frostharte Pflanze kann über Jahre am gleichen Platz stehen. Blätter kann man fast das ganze Jahr über ernten. Während der Wintermonate ist die Kultur im Topf möglich. Saatgut ist im Fachhandel erhältlich. Ältere Pflanzen kann man leicht teilen, indem man die Brutzwiebeln auseinander zieht.

▸ Verwendung Verwerten Sie das Laub möglichst frisch, da es rasch welkt. Das relativ derbe Kraut würzt Suppen, Eintöpfe, Kartoffeln und Eier, indem Sie es einfach über die fertigen Speisen streuen.

Zimmerknoblauch

Tulbaghia violacea

immergrün, 60 cm hoch

Der Zimmerknoblauch mit unverkennbarem Knoblauchgeschmack ist in Südafrika beheimatet. Nach dem Verzehr des Blattgrüns ist kein strenger Atem oder Körpergeruch zu befürchten!

▸ Pflanze Die Pflanze mit porreeartigem, flachem Laub bildet keine Zwiebeln, sondern einen unterirdischen Spross (Rhizom). Von Frühjahr bis Herbst erscheinen hübsche rosalila Blüten in lockeren Dolden. Die niedrige Sorte 'Variegatus' besitzt weiß-grün gestreifte Blätter; sie wächst kompakter.

▸ Kultur Die mehrjährige Kultur bereitet im Topf keine Probleme, sofern ein heller, kühler Überwinterungsplatz zur Verfügung steht. Im Sommer am halbschattigen bis sonnigen Platz im Freien aufstellen. Üppig gewordene Pflanzen lassen sich leicht teilen.

▸ Verwendung Anstelle von Knoblauch eignen sich die aromatischen Blätter für alle mediterranen Gerichte und vor allem zu Tomaten, Auberginen und Oliven. Sie schmecken in Salaten, Dips, Kräuterquark und Tsatziki.

Pfefferscharf bis paprikamild

Chili und Gewürz-Paprika bieten eine schier unerschöpfliche Vielfalt an Sorten mit unterschiedlichen Geschmacksnuancen von fruchtig-mild bis feurig-scharf. Sicheres Unterscheidungsmerkmal zwischen der mehrjährigen Chili-Pflanze und der einjährigen Paprika: Chili- oder Tabasco-Früchte (*Capsicum frutescens*) entwickeln sich aufrecht stehend an einer etwa 50 cm hohen Pflanze mit länglich ovalen, dunkelgrünen Blättern. Bei Paprika (*Capsicum annuum*) dagegen hängen die Früchte am Strauch. Beide Arten besitzen hübsche weiße, sternförmige Blüten. Die „peppigen" Früchte färben sich bei der Reife von Grün über Gelb nach Rot.
Als Gewürz verwendet man die getrockneten oder frischen Früchte, die botanisch gesehen zu den Beeren zählen. Bei *Capsicum annuum* unterscheidet man unterschiedliche Sortengruppen: Zur Grossum-Gruppe zählen alle Gemüse-Paprika-Sorten, während Peperoni und Cayennepfeffer zur Longum-Gruppe gehören. Die in Blumengeschäften angebotenen Zier-Paprika-Sorten ordnet man der Cerasiforme-Gruppe zu. Diese Zimmerpflanzen mit farbigem, dekorativem Fruchtbehang sind leider nur relativ kurzlebig. Auch die Früchte der Zier-Paprika sind essbar, schmecken jedoch meist recht fade.

Chili-Früchte brauchen mindestens drei Monate zum Ausreifen.

Ein Amerikaner in Indien

Capsicum frutescens hat seine Heimat im tropischen Amerika, *Capsicum annuum* stammt aus Mittelamerika. Auslesen werden seit Jahrtausenden kultiviert. Die Gewürz-Paprika kam bereits im 16. Jahrhundert nach Europa, allerdings nahm sie den Umweg über Indien, wo sie seit langem zum Standard-Repertoire der Küchen gehört. Mit der eigentlichen asiatischen Pfefferpflanze ist sie nicht verwandt.
Jede Region – sei es in der Karibik, in Südamerika, Südostasien oder Südeuropa – hat eigene Auslesen mit Unterschieden in Form, Farbe und Geschmack hervorgebracht. In Mexiko herrscht

die größte Vielfalt, hier besitzen die Chili- oder Paprikatypen sogar eigene Bezeichnungen! Und oft wird die getrocknete Frucht wieder mit einem anderen Namen bedacht. Eingelegt oder zu Jelly verarbeitet, genießt man in Mexiko wie im Südwesten der USA gern die grüne, zylindrisch längliche Jalapeño. Geröstet erhält die mittelscharfe Frucht einen rauchig-süßen Beigeschmack und heißt dann Chipotle. Sie würzt Suppen und Eintöpfe.

Legendär ist die Schärfe von Tabasco (aus dem die gleichnamige Soße entsteht) und der Thai-Chili. Die italienische Peperoncino wächst lang gestreckt und oft gekrümmt. Die runzligen Früchte haben ein süßliches Aroma, das gut zu Mixed Pickles und Tomatensoße passt.

Die kurzlebigen Zierformen besitzen ebenfalls genießbare Früchte.

SMART

Schärfe konservieren

- **Chili und Cayennepfeffer** bewahren lange ihr Aroma, wenn man sie an der Sonne trocknet oder im Ofen darrt. Mit zerstoßenen Chilis, Salz und Zitronensaft oder Essig, ergänzt um weitere frische Kräuter, lassen sich pikant-scharfe Würzsoßen bereiten.

Mit Vorsicht genießen

Die Scharfstoffe und Öle fördern die Verdauung, rufen aber ein scharfes Brennen und ein intensives Wärmegefühl hervor. Schleimhautreizungen und eine vorübergehende Irritation der Geschmacksnerven können nach dem Verzehr von chilischarfen Gerichten folgen.

Im Garten brauchen Paprika und Chili sehr viel Wärme und einen gut gepflegten Boden. Einfach gelingt die Kultur der gedrungenen Sorten, die speziell für Pflanzgefäße heranzüchtet wurden. 'Apache' zum Beispiel bildet einen hübschen, lockeren, 50 cm hohen Busch aus, der eine Fülle kleiner, leuchtend grüner und später hochroter Früchte trägt. Sie schmecken durchdringend scharf.

Reine Geschmackssache: Koriander

Bei diesem Kraut scheiden sich die Geister: Manche lieben das erdig-scharfe, ölige Aroma mit Anklängen an Minze, Zitrone und Ingwer, andere empfinden den Geruch als abstoßend. Im Mittelalter wurde Koriander (*Coriandrum sativum*) als „stinkend Kraut" bezeichnet, bei den Chinesen heißt er übersetzt „duftende Pflanze". Tatsächlich besitzt Koriandergrün einen recht intensiven und dabei komplexen Geschmack, die Samen schmecken mild und würzig. Ursprünglich stammt Koriander aus dem Mittelmeerraum und aus Vorderasien. Angebaut und verwendet wird er heutzutage nahezu weltweit. Besonders häufig nutzt man das Kraut in Asien und Lateinamerika, die Thai-Küche verarbeitet obendrein die lange, spindelförmige Wurzel. In Europa kennt man mehr die runden, angenehm aromatischen Samen, zum Beispiel als Brotgewürz oder für Kompott und Apfelkuchen. Im Vorderen Orient und in Indien kommen das Kraut und die Samen gleichermaßen zum Einsatz.

Koriander blüht bereits nach wenigen Wochen.

Kurzlebiges Gewächs

Das einjährige Kraut lässt sich leicht aus Samen ziehen. Man sät ab Ende April direkt auf das Beet. Zur Entwicklung benötigt Koriander einen gepflegten und gut wasserdurchlässigen Gartenboden. Ständige Nässe bekommt der Pflanze gar nicht. Geerntet wird während des ganzen Sommers. Je nachdem, welcher Pflanzenteil verwendet wird, stehen verschiedene Typen zur Verfügung: Blatt-Koriander kommt nicht so schnell zum Blühen wie Körner-Koriander. Bei Blatt-Koriander verlängert sich deshalb der Erntezeitraum. Sie sollten dennoch immer wieder nachsäen, um ständig frisches Kraut ernten zu können. Am Stängelgrund sitzen rundliche, gesägte Fiederblättchen, stark geschlitzt sind dagegen die Stängelblätter.

Die Blüten entwickeln sich in dichten weißen oder rosafarbenen Dolden. Mit der Blüte beendet die Pflanze ihr Wachstum, sie bildet nun Samen aus. Die Samen sind reif für die Ernte, wenn sie sich von Grün nach Hellbraun verfärben. Zum Trocknen hängt man die Stängel kopfüber an einen warmen Platz und wickelt den Samenstand in eine Papiertüte ein. Nach dem Ausdreschen lässt man sie in der Sonne noch eine Weile nachtrocknen. Koriander wird in der asiatischen und mexikanischen Küche häufig mit Chili, Basilikum, Limetten und Minze kombiniert. In Portugal isst man Koriander zu Kartoffeln und Dicken Bohnen. Das filigrane Kraut fügt man erst ganz am Ende der Garzeit den Gerichten zu. Geröstete Samen würzen viele Curry- oder Masala-Mischungen.

Fein geteiltes Kraut liefert über längere Zeit der Blatt-Koriander

Entfernt verwandt

Einen ähnlichen Geschmack wie Koriander besitzt neben Rau Ram (siehe Seite 19) der Mexikanische Koriander (*Eryngium foetidum*). Die zierliche zweijährige Pflanze stammt ursprünglich aus der Karibik, in Deutschland ist sie unter verschiedenen Bezeichnungen wie „Sägeblattkraut“, „Stacheliger Koriander“ oder „Culentro“ erhältlich. Die langen, zähen Blätter mit gesägten Rändern schneiden Sie knapp über dem Boden ab. Entfernen Sie die dicke Mittelrippe und zerkleinern Sie das Kraut im Mörser oder mit dem Pürierstab, da sich die gezähnten Blattränder ansonsten zäh und unangenehm anfühlen. Die Stacheln an den älteren Blättern müssen vor der Zubereitung sorgsam entfernt werden.

Der erdige, scharfe Geschmack ist konzentrierter und bitterer als beim gewöhnlichen Koriander, sein Geruch hat eine unangenehme Note. Im Garten wünscht „Culentro“ einen durchlässigen Boden an einem halbschattigen Platz. In der Sonne und bei Trockenheit entwickeln sich rasch die Blütenstände und der Geschmack wird intensiver. Entfernt man die Blütenstängel, bilden sich dichtere Blatthorste. Die Mexikaner würzen mit „Culentro“ gerne ihre Salsas, in Thailand verwendet man das Kraut, um den wenig geschätzten Eigengeruch von Rindfleisch zu überdecken.

SMART

Kopflastig

› **Die zarten Stängel** vom Koriander knicken leicht, sobald sich die Samenstände mit den kugeligen Körnern bilden. Stützen Sie die Pflanze rechtzeitig ab.

Mut zur Kräuterküche!

Selbst angebaute Kräuter finden in der Küche vielfältige Verwendung. Mit etwas Mut zum Experimentieren finden Sie bald heraus, welche Würzkombinationen Ihnen zusagen und welche Dosierung bei Tisch ankommt.

Viele exotische Kräuter werden in Europa noch nicht lange kultiviert, daher gibt es für die Verwendung in der hiesigen Küche noch wenige Empfehlungen und Erfahrungswerte. Anders verhält es sich bei den traditionellen Küchenkräutern wie Petersilie, Majoran, Salbei und Schnittlauch: Hier weiß man, zu welchen Gerichten diese Aromen passen, welche Zubereitungsform ein ganz bestimmtes Kraut erfordert. Nun darf und muss die Kreativität der Hobbyköche ansetzen: Die feinen, oft leicht flüchtigen Aromen exotischer Kräuter passen zu vielen Speisen, aber nicht jeder ist davon begeistert. Erfahrungsgemäß lassen sich die „neuen“, ungewohnten Aromen nur schwierig mit den

1 ◂ Auberginen (hier auf einem Spieß zum Grillen) haben wenig Eigengeschmack, schmecken aber vorzüglich in Kombination mit Olivenöl und Kräutern. Eine ideale Ergänzung liefert Kräuterquark, der rasch hergestellt ist: Magerquark mit Jogurt im Verhältnis 4:1 mischen und etwas Schmand unterheben. Als Würzkräuter eignen sich Frucht-Salbei, Zimmerknoblauch, Oregano und Strauch-Basilikum.

althergebrachten Küchenkräutern kombinieren – es überwiegt die Wahrnehmung des Bekannten, die Geschmacksergänzung wird als fremd empfunden.
Ein weites Experimentierfeld bietet die herkömmliche Hausmannskost: Gerichte wie Rührei, Omelett, Pellkartoffeln oder Kartoffelgratin, Nudeln mit Sahne- oder Käsesoßen kann man um interessante Geschmacksnoten bereichern, indem man sie mit frischen Kräutern veredelt. Hervorragend passen dazu Frucht-Salbei, Strauch-Basilikum, Koriander, Muskatkraut und Zimmerknoblauch. Ernten Sie die Blätter immer frisch, hacken Sie das Kraut nur grob und streuen Sie es erst unmittelbar vor dem Servieren über das Gericht.
Verschiedenste fremdländische Kräuter lassen sich hervorragend in Quark und Jogurtsoßen verwenden. Quark ergänzt Kartoffeln und gegrilltes Gemüse, Jogurt passt gut zu Grillfleisch oder rohen Gemüsestreifen. Seien Sie vorsichtig mit dem Dosieren: Der Geschmack von Koriander tritt gern hervor, auch Strauch-Basilikum und Zimmerknoblauch würzen intensiv, im Gegensatz zum sehr zurückhaltenden Frucht-Salbei.
Weil Geschmack eben so unterschiedlich ist, hat es sich bewährt, die gehackten Kräuter extra in einem Schälchen anzurichten, sodass sich jeder Gast bei Tisch nach Belieben bedienen kann.

2

▲ Falafel kennt man überall in Nordafrika und in Vorderasien. Einwanderer aus Afrika brachten die Kichererbsenbällchen mit nach Frankreich. Die Zubereitung von Falafeln gelingt ganz leicht mit Hilfe von Kirchererbsenmehl. Würze liefern traditionell Knoblauch, gehackte Zwiebeln, Korianderkraut und Kreuzkümmel, doch passt – statt dessen – auch Strauch-Basilikum und Zimmerknoblauch, ergänzt durch wenig Pfeffer. Man mischt unter das Mehl eine Prise Backpulver und die Gewürzzutaten, gießt mit heißem Wasser auf und lässt alles für rund 10 Minuten quellen. Die Konsistenz stimmt, wenn der Teig gut bindet. Man formt höchstens 4 cm große Bällchen, die schwimmend in Öl ausgebacken werden. Dazu reicht man frisches Pittabrot, Jogurtsoße oder eine mit Zitronensaft angesäuerte Tomatensalsa.

Pflegen, ernten, genießen

Kräuter ernten und lagern

Behutsam geerntet, sorgfältig getrocknet und richtig gelagert, bewahren die meisten tropischen Kräuter ihre Aromastoffe für längere Zeit.

Blätter ernten

Frische Blätter können Sie je nach Bedarf schneiden und am besten gleich verwenden. Vor allem die Lippenblütler besitzen in der Wachstumsphase kurz vor der Blüte den höchsten Gehalt an ätherischen Ölen. Wollen Sie Blätter trocknen, einfrieren oder in Öl einlegen, dann sollten Sie diesen optimalen Zeitpunkt abpassen.
Alle Kräuter, die leicht flüchtige ätherische Öle besitzen, erntet man vormittags, da sich in der Mittagshitze die Aromen verflüchtigen, die schließlich der Pflanze als Verdunstungsschutz dienen. Nur trocken geerntete Blätter, die keinerlei Schad- oder Fraßspuren aufweisen, eignen sich für die verschiedenen Konservierungsmethoden.
Das Trocknen intensiviert das Aroma um das Drei- bis Vierfache, während es sich durch Einfrieren abschwächt. Das sollten Sie bei der Dosierung von Würz- und Teekräutern beachten.
Um Blätter zu trocknen, kommt es sehr auf eine schonende Ernte an. Damit das Gewebe nicht gequetscht wird, verwenden Sie eine saubere bzw. desinfizierte Schere. Legen Sie die Blätter – jede Art oder Sorte für sich – auf ein Leinen- oder Mulltuch. Ideal sind Holzrahmen, über die ein locker gewebter Stoff gespannt wird. Als Ort zum Trocknen eignet sich ein trocken-warmer, dunkler Raum.
In der ersten Woche enthält das Gewebe noch viel Wasser. Wenden Sie daher die Blätter mehrmals, damit sie nicht schimmeln. Getrocknete und spröde Blätter kommen in ein lichtdichtes Gefäß, zum Beispiel in ein dunkles Schraubglas oder in eine fest verschließbare Edelstahldose.

Frucht-Salbei mit seinen druckempfindlichen, weichen Blättern schneiden Sie für das Trocknen mit einer Schere.

Blüten ernten

Wollen Sie mit frischen Blüten aromatisieren oder dekorieren, verwenden Sie Blumen, die gerade im Topf oder im Garten blühen. Blüten mit dezentem Duft wie die fruchtigen Salbei-Arten eignen sich nicht für das Trocknen. Probieren können Sie es aber mit *Monarda*-, *Agastache*- und *Spilanthes*-Blüten. Für die Aufbewahrung kommt es sehr auf den geeigneten Erntezeitpunkt an. Pflücken Sie dafür Blüten, deren Knospen sich gerade öffnen. Nur so bleiben Farbe, Duft und Geschmack gut erhalten. Beim Trocknen öffnen sich die Blüten ohnehin noch weiter, zum Erntezeitpunkt weit geöffnete Korbblüten fallen später auseinander. Mit der Schere schneiden Sie einzelne Blüten ab und legen sie zum Trocknen auf ein Mulltuch aus.

Durchgetrocknete Blüten kommen in ein fest verschließbares, lichtundurchlässiges Schraubgefäß. Lichteinfluss würde die Aromastoffe rasch zerstören.

SMART

Omelett mal anders

- **Baskische Piperade:** Dünsten Sie in der Pfanne grob gehackte Zwiebeln an, gießen Sie verquirlte Eier darüber, legen Sie Tomatenscheiben darauf, lassen Sie alles bei niedriger Temperatur stocken. Reichlich aufgestreute Kräuter verstärken den Genuss.
- **Variante:** Orientalisches Omelett (Eggah) mit etwas Safran verfeinern und mit Koriander, Rauke und Pflücksalat zubereiten. In einer Auflaufform die Masse in der Backröhre garen. Gut mit Pfeffer würzen und mit Jogurt servieren.

Geerntete Blüten und Blätter brauchen Schutz vor Sonne.

Verjüngen und Vermehren

Es bedarf keiner großen Gärtnerkunst, um Kräuter erfolgreich zu vermehren. Stecklinge von wüchsigen, gesunden Pflanzen bilden zuverlässig Wurzeln. Damit regen Sie zugleich ältere Pflanzen zum Neuaustrieb an.

Bei vielen exotischen Tee- und Würzkräutern handelt es sich um mehrjährige Pflanzen, um Stauden, Halbsträucher oder Sträucher. Häufig verholzen nach einiger Zeit die Stängel, die Wüchsigkeit lässt nach und es werden weniger Geschmacksstoffe gebildet. Schon deshalb bietet es sich an, die Pflanzen jährlich zu verjüngen. Außerdem gewinnen Sie auf diese Weise willkommenes Tauschmaterial unter Gärtnerfreunden. Bewurzelte Jungpflanzen sollten Sie in der ersten Wachstumsphase mehrmals entspitzen, um die Verzweigung und einen schönen Pflanzenaufbau zu fördern. Triebspitzen bewurzeln in aller Regel am zuverlässigsten, sie fallen ohnehin ständig an, wenn Sie die Pflanzen regelmäßig beernten. Stellen Sie die Jungpflanzen an einen hellen Platz und kontrollieren Sie täglich: Sobald sich Schimmel bildet, muss der betroffene Steckling entfernt werden.

1 ◂ **Kopfstecklinge,** die von der Triebspitze entnommen werden, wachsen am zuverlässigsten an. Schneiden Sie den etwa 7 bis 10 cm langen Steckling mit einem scharfen und vor allem sauberen Messer ein Stück weit unterhalb einer Blattachsel ab. Bei Halbsträuchern und Sträuchern sollten Sie die Stecklinge entnehmen, bevor die Triebe verholzt sind. Ungeeignet sind blühende Triebe: Die Blüten unterdrücken die Wurzelbildung.

▸ **Die Blätter** im unteren Teil des Kopfstecklings entfernen Sie konsequent. Es dürfen nicht zu viele Blätter übrig bleiben, um die Wasserverdunstung gering zu halten. Bei großblättrigen Pflanzen sollten Sie die älteren Blätter zusätzlich einkürzen. Bei Stecken darf kein Blatt der feuchten Erde aufliegen. Achten Sie auf spezielle Vermehrungserde. Sie hat einen niedrigeren Salzgehalt als gewöhnliche Topferde. Beigemischte Styroporflocken halten das Substrat locker und luftdurchlässig.

◂ **Mit dem Pikierstab** setzt man die vorbereiteten Stecklinge zum Beispiel in Multitöpfe und drückt die Basis gut fest. Wenn Sie nur wenige Stecklinge bewurzeln möchten, sind ganz normale Blumentöpfe ebenso gut geeignet. Stecken Sie aber nicht mehr als fünf Stecklinge in einen 11-cm-Topf. Die Erde muss in der Folgezeit ständig feucht bleiben; ein Kleingewächshaus oder eine Folienabdeckung helfen dabei, die Luftfeuchtigkeit hoch zu halten.

Exotische Kräuter kultivieren

Pflanzen aus den Tropen und Subtropen stellen naturgemäß hohe Ansprüche an Standort und Boden. Sie verlangen in der Kultur etwas Aufmerksamkeit und die meisten brauchen während der kalten Jahreszeit einen frostfreien Platz im Haus.

Pflanzen der Tropen haben sich unter Bedingungen entwickelt, die durch ein ganzjährig relativ gleich bleibendes Klima geprägt sind. In ihren Heimatgebieten schwankt die Tageslänge im Jahreslauf kaum, nahezu ganzjährig fallen Niederschläge. Diese Bedingungen können wir in unseren Breiten nicht bieten. Schwierigkeiten in der Kultur entstehen daher in erster Linie durch die Überwinterung.
Grundsätzlich brauchen Aromapflanzen im Garten einen offenen Platz in einem gut gepflegten Beet. Der Boden muss Wasser gut ableiten, im Zweifelsfall arbeitet man Sand ein oder hebt Erde aus, um die empfindlichen Pflanzen auf eine Splittschicht zu betten. Die Erde sollte mit etwas Kompost angereichert sein, sie darf aber keine hohen Stickstoffmengen enthalten: Alle Kräuter bilden wesentlich weniger Aromastoffe aus, wenn der Boden mit Stickstoff übersättigt ist. Mineralischer Dünger mit kalium- und phosphorbetontem Dünger eignet sich gut. Günstig für die Bodenstruktur wirkt sich Basaltmehl aus, das man im Frühjahr einstreut. Zwei Hand voll davon pro Quadratmeter genügen.
Alle in diesem Buch erwähnten Kräuter gedeihen auch gut in Pflanzgefäßen, sofern man einige Grundregeln beachtet. Auch hier entscheidet eine gute Dränage über den Kulturerfolg. Die Töpfe oder Tröge müssen am Grund ein ausreichend großes Wasserabzugsloch haben. Decken Sie es mit einem flachen Kieselstein oder mit Tonscherben ab und geben Sie eine mehrere Zentimeter dicke Schicht aus Splitt darüber. Als Pflanzstoff eignet sich weder normale Gartenerde noch übli-

Wasserversorgung im Winter

Eingezogene und zurückgeschnittene Pflanzen erhalten nur einmal im Monat etwas Wasser.

Pflanzen, die ihr Laub behalten, gießen Sie einmal wöchentlich, aber sparsam.

Erst mit beginnendem Austrieb im Februar erhöhen Sie die Wassergaben wieder.

Im geheizten Zimmer leiden die Pflanzen unter trockener Luft. Mit Wasser und Kieselsteinen gefüllte Schalen, auf die man die Töpfe stellt, verbessern das Mikroklima.

ches Topfpflanzensubstrat. Mischen Sie sich selbst ein Substrat zusammen, das zu je einem Drittel Kübelpflanzenerde, lehmige Gartenerde und Sand enthält.
Bei Trockenheit und ebenso bei Lichtmangel kümmern die Pflanzen. Gießen Sie regelmäßig, aber halten Sie das Substrat nie nass. Gut eignen sich Pflanzgefäße mit Wasserspeicher, zum Beispiel Balkonkästen mit Reservoir. Doch auch hier müssen Sie ein Vlies oder eine Splittschicht auflegen, bevor Sie Pflanzerde auffüllen. Achten Sie generell auf genügend Abstand untereinander, damit alle Pflanzen gleichmäßig Sonnenlicht bekommen und um sie vor Fäulnis zu schützen.

Sommerfrische und Winterschutz

Den Sommer verbringen exotische Kräuter am besten im Freien, etwa auf dem Balkon oder auf der Terrasse. Sobald im September die Temperaturen sinken, stellen die Pflanzen ihr Wachstum nach und nach ein. Holen Sie die Pflanzen rechtzeitig ins Haus und kontrollieren Sie dabei, ob sich Blattläuse, Thripse oder Weiße Fliegen angesiedelt haben. Tropische Pflanzen werfen im Winter ihre Blätter nicht ab – so können Sie sie weiterhin beernten. Lichtmangel und trockene Heizungsluft bedeuten allerdings Stress für Tropengewächse, viele überstehen einen Winter in beheizten Räumen nicht. Bessere Chancen bietet ein heller Fensterplatz in einem frostfreien, kühlen Kellerraum. Ausgesprochen wärmebedürftige Gewächse wie Zitronengras und Ingwer können sogar am Fenster in der Küche überwintern, weil dort eine höhere Luftfeuchtigkeit herrscht.
Einfacher zu überwintern sind Arten, die im Winter einziehen, wie Süßkraut und Zitronen-Verbene. Sie begnügen sich mit einem frostfreien Platz. Lange Triebe mit hellen, weichen Blättern schneidet man im Frühjahr besser zurück.

So kommen exotische Kräuter über den Winter

Manche überdauern im Garten wie *Agastache*, Currykraut, *Houttuynia cordata*, Monarda, Muskatpflanze, Perilla (als Samen), herb-aromatische Salbei-Arten, Schnitt-Knoblauch, Winter-Zwiebel.

Ein frostfreier Platz genügt bei Myoga-Ingwer, fruchtigen Salbei-Arten, Süßkraut (*Stevia*), Vietnamesischem Koriander.

Kühl temperiert (um 10 °C) wollen Zimmerknoblauch (*Tulbaghia violacea*), Zitronen-Verbene und Zitruspflanzen stehen.

Einen hellen Platz und Temperaturen um 18 °C verlangen Aztekisches Süßkraut, Curryhaum, Ingwer, Mexikanisches Oreganokraut, Strauch-Basilikum.

Sicheres Überwintern gelingt nur mit ausreichend Licht und hoher Luftfeuchtigkeit (etwa im beheizten Wintergarten) bei Kardamom, Kurkuma, Zitronengras.

Vorbeugen als Pflanzenschutz

An Küchenkräutern und Gewürzpflanzen treten immer wieder Schädlinge und Krankheiten auf, vor allem in den lichtarmen Wintermonaten. Gute Kulturbedingungen und ein wachsames Auge lassen ernsthafte Probleme gar nicht erst aufkommen.

Von Natur aus sind Aromapflanzen nicht anfällig für Schädlinge, im Gegenteil: Ihre Geschmacks- und Duftstoffe tragen dazu bei, mögliche Fressfeinde abzuwehren und das Wachstum von Bakterien und Pilzen einzuschränken. Dennoch siedeln sich bei der Zimmerkultur vor allem im Winter gelegentlich Schadinsekten an.

Augenmerk auf Schädlinge

▸ **Spinnmilben** bereiten im Haus häufige Probleme. Sie saugen an den Blättern, was sich zunächst nur an einer grausilbrigen Sprenkelung der Blattoberfläche zeigt. An den Trieben bilden sich feine Gespinste. Eine Bekämpfung innerhalb eines Pflanzenbestandes gestaltet sich schwierig. Der Befall lässt sich aber recht gut mit Raubmilben kontrollieren. Man erhält sie im Gartenfachhandel oder über spezielle Nützlingsanbieter, zusammen mit einer genauen Anleitung.

▸ Die so genannte **„Rote Spinne"** breitet sich vor allem bei trockener Heizungsluft aus. Mit Kieselsteinen und mit Wasser gefüllte Schalen, auf die man die Töpfe stellt, erhöhen die Luftfeuchtigkeit.

▸ In ständig feuchter Erde entwickeln sich **Trauermücken**. Sparsameres Gießen und ein Abstreuen der Erdoberfläche mit Sand oder Splitt schaffen Abhilfe.

▸ **Blattläuse** entwickeln sich an weichen Triebspitzen häufig gegen Winterende. Durch rechtzeitiges Ausknipsen der betroffenen Triebe entfernen Sie den Großteil der Läuse. Oder Sie besprühen die Pflanzen mit Schmierseifen-Lösung.

Verwenden Sie keine der handelsüblichen Insektizide: Die Zulassung für den Hausgarten schließt diese Kräuter nicht ein und Schädigungen an den Blättern sind nicht auszuschließen.

Die jeweils auf die Pflanze abgestimmten Wachstumsbedingungen bieten die beste Gewähr für gesundes Wachstum: Tropengewächse wie das Zitronengras gedeihen nur in voller Sonne, Pflanzen des Tropenwaldes wie die Ingwergewächse lieben es auch bei uns halbschattig. Weiches Laub, etwa das der Lippenblütler, reagiert auf volle Sonneneinstrahlung rasch mit Sonnenbrand. Rhizompflanzen wie Ingwer und das Paraguay-Süßkraut mit seinen fleischigen Wurzeln reagieren empfindlich auf zu feuchte Erde und auf Staunässe. Bei Fäulnis im Wurzelbereich sind die Pflanzen nicht mehr zu retten.

Junge Sämlinge und bewurzelte Stecklinge werden ebenfalls häufig ein Opfer zu hoher Wassergaben. Schwächepilze dringen über die Wurzeln ein und verstopfen die Leitbahnen.

Für ausreichend Platz sorgen!

Im Freien wird es immer wieder Ärger mit Schneckenfraß geben. Dagegen helfen die üblichen Schneckenkorn-Präparate, wobei Sie auf eventuelle Wartezeiten bis zur nächsten Ernte warten müssen. An Salatkräutern wie Perilla und Komatsuna treten Erdflöhe auf, die aber keinen großen Schaden anrichten.
Junge Sämlinge sind anfällig für Grauschimmel oder Umfallkrankheiten. Rechtzeitiges Pikieren sorgt dagegen für ein rasches Wachstum und ausreichend Wuchsraum. Auch Sämlinge auf dem Beet müssen Sie vereinzeln.

SMART

Weniger ist mehr

- Alle Kräuter entwickeln sich besser in abgemagerter, ton- und sandreicher Erde. Überschüssiges Wasser kann dadurch gut abziehen und es entwickeln sich feste Zellstrukturen. Eine übermäßige Versorgung mit Stickstoff bewirkt weiches Gewebe, das deutlich anfälliger ist für Schädlingsattacken.

Gelbsticker helfen dabei, einen Schädlingsbefall rechtzeitig zu erkennen. Weiße Fliegen, Trauermücken (Thripse) und Blattläuse werden von dem intensiv gelben Farbton der Tafeln angelockt. An der dick beleimten Oberfläche kleben die Tiere fest, sodass man frühzeitig auf einen Befall aufmerksam wird. Der Spezialleim trocknet nicht ein und ist frei von Insektiziden. Für niedrige Pflanzen und zum Schutz vor frisch geschlüpften Trauermücken steckt man den Gelbsticker in die Erde, in höherwüchsige Pflanzen wird er eingehängt. Gelbsticker leisten in Wohnräumen, vor allem in den Wintermonaten, gute Dienste. Für das Freiland eignen sie sich weniger, denn sie fangen auch viele nützliche Insekten ein.

Aroma einfangen

Viele exotische Kräuter können Sie auch im Winter ernten. Versuchen Sie doch einmal, Kräuteröl und -essig selbst herzustellen! Diese individuellen Kreationen sind stets willkommene Geschenke.

Frisches Kraut schmeckt am besten – besonders dann, wenn Sie die Kräuter erst kurz vor der Verwendung schneiden. Wenn es nicht anders geht, halten sich gut verpackte Blätter oder Stängel für rund zwei Tage im Kühlschrank. Einfrieren empfiehlt sich nicht. Die zarten Gewebe werden beim Auftauen braun oder schwarz und die Aromen verflüchtigen sich. Trocknen können Sie Samenstände und Teekräuter wie Zitronen-Verbene, Indianernessel und *Agastache*-Arten. Eingelegt in Essig und Öl lässt sich das Aroma vieler Kräuter bewahren. Aus verschiedenen Kräutermischungen können Sie nicht nur herrliche Salatdressings und Marinaden bereiten – Kräuteröle benötigt man auch zum Abschmecken von Suppen und zum Beträufeln von gegrilltem Gemüse. Kräuteressig mit exotischen Nuancen verfeinert Wokgerichte, pochierten Fisch, Grillspieße und Tempura.

Kopfüber aufgehängt, bleiben die Stängel beim Trocknen gerade.

Konservieren mit Essig und Öl

Geben Sie frische und saubere Blätter von Kräutern Ihrer Wahl in eine Schüssel, gießen Sie Öl darüber und verschließen Sie alles luftdicht. Alle paar Tage sollten Sie umrühren, damit die Blätter unter der Oberfläche bleiben, sonst schimmeln sie. Nach einem Monat seihen Sie durch ein haarfeines Sieb ab und entfernen die Pflanzenteile. Verwenden Sie geschmacksneutrales, hochwertiges Speiseöl, beispielsweise von Mariendistel, Sonnenblume oder Raps. Olivenöl harmoniert zwar mit den Basilikum-Sorten,

Selbst bereitete Öle bieten ein weites Experimentierfeld für kreative Köche.

nicht jedoch mit den anderen „Exoten"; feines Hanföl passt gut zu Kräutern mit Zitrusanklängen.
Essig nimmt Geschmacksstoffe besser auf, wenn er mit den Kräutern im Wasserbad erhitzt wird. Ziehen muss Kräuteressig für gut zwei Wochen in einer bis zum Rand aufgefüllten, fest verschlossenen Flasche. Shiso und Chili geben neben Geschmacksstoffen auch Farbe an die Lösung ab. Essig mit Shiso und Koriandersamen schmeckt hervorragend als Dip zu fernöstlichen Speisen.

SMART

Echt dufte!

› **Potpourri-Mischungen,** ausgelegt in einer offenen Schale, beduften Wohnräume. Dafür eignen sich in getrockneter Form: Stängel von Zitronengras, Blätter von Minzen, Zitronen-Verbene, Frucht-Salbei, Blüten von Monarde, Duftnessel und Ysop. Zimtstangen und Lavendelblüten ergänzen das Dufterlebnis. Nach einiger Zeit können Sie mit ätherischem Öl von Bergamotte, Rosen oder „Geranie" auffrischen.

Versuch und Irrtum

Seien Sie vorsichtig, wenn Sie Kräuter mischen. Allzu gewagte Kombinationen können sehr irritierend schmecken. Aber trauen Sie sich ruhig einige Experimente zu. In alten Filmdöschen können Sie eigene Mixturen in konzentrierter Form ansetzen, das Ergebnis nach einigen Wochen testen und gegebenenfalls verwerfen oder variieren. Wenn Sie eine ganze Flasche mit 0,7 l Inhalt ansetzen, rechnen Sie bei milden Kräutern mit zwei großen Hand voll Pflanzenmaterial, bei intensiv schmeckenden Blättern reicht die Hälfte.

Infoecke

Adressen

Artemisia
Hopfen 29
88167 Stiefenhofen
im Allgäu
Tel. 08386-960510
Fax 08386-961520
www.artemisia.de

Kräuterei S. Heinrich
Alexanderstraße 29
26121 Oldenburg
www.kraeuterei.de

Rühlemann's Kräuter & Duftpflanzen
Auf dem Berg 2
27367 Horstedt
Tel. 04288.928558
Fax 04288.928559
www.ruehlemanns.de

Versuchs- und Sortimentsgärtnerei W. Simon
Staudenweg 2
97828 Marktheidenfeld
Tel. 09391-3516
www.gaertnerei-simon.de

Syringa Duft- und Würzkräuter
Bachstraße 7
78247 Hilzingen-Binningen
Tel. 07739-1452
Fax 07739-677
www.syringa-samen.de

Raritätengärtnerei Treml
Eckerstraße 32
93471 Arnbruck
Tel. 09945-905100
Fax 09945-905101
www.pflanzentreml.de

Zur Autorin

▸ **Agnes Pahler** ist Diplom-Agrarwissenschaftlerin und arbeitet als freie Lektorin und Autorin für verschiedene Buchverlage, Zeitungen und Zeitschriften. Sie hat ein eigenes Gartenbuch verfasst und ist Redakteurin der Zeitschrift „Gartenpraxis“. Auf den Geschmack exotischer Kräuter kam sie durch einen Studienaufenthalt in Thailand und während verschiedener Reisen ins Ausland.

Literatur

▸ **Patricia Beucher:** Ein Garten für Faulpelze Verlag Eugen Ulmer, Stuttgart 2000.

▸ **Rolf Callauch:** Gewürz- und Heilkräuter Verlag Eugen Ulmer, Stuttgart 1998.

▸ **Jill Norman:** Kräuter & Gewürze. Dorling Kindersley Verlag, Starnberg 2002.

▸ **Agnes Pahler:** Schnell und einfach zum Gartenparadies. Verlag Eugen Ulmer, Stuttgart 2005.

Bildquellen

Umschlagseite vorne: botanikfoto/Steffen Hauser. Umschlagrückseite links: Reinhard, Hans, rechts: Flora Press.
botanikfoto Seite 39 li.
Flora Press Seite 6/7, 64, 65 oben, 65 unten.
Laux, H. E. Seite 22, 23, 27, 33, 34, 38 Mitte, 44, 53.
Neckermann/Brigitte/PicturePress Seite 8, 20.
Pahler, Agnes Seite 19 re., 59.
PicturePress Seite 21.
PicturePress/Diercks Seite 25.
PicturePress/Visigalli/Mondadori Seite 48.
Redeleit, Wolfgang Seite 42, 43 li., 43 re., 61.
Reinhard, Hans Seite 4/5, 9 , 10, 11 li., 11 re., 13, 14, 16, 18, 30/31, 32, 36, 39 re., 40, 46, 47, 56.
Reinhard, Nils Seite 26.
Rupp, Christel Seite 29, 54, 55 oben, 55 unten.
Smit, Daan Seite 12.
Strauß, Friedrich Seite 2/3, 4, 13, 15, 17, 19 li., 35, 37, 41, 45, 50/51, 52, 60.
Teubner Foodfoto Seite 28, 49.

Impressum

Bibliografische Information der Deutschen Nationalbibliothek
Die Deutsche Nationalbibliothek verzeichnet diese Publikation in der Deutschen Nationalbibliografie; detaillierte bibliografische Daten sind im Internet über http://dnb.d-nb.de abrufbar.

Wollgrasweg 41, 70599 Stuttgart (Hohenheim)
E-Mail: info@ulmer.de
Internet: www.ulmer.de
Lektorat: Karin Wachsmuth, Grit Wainar
Umschlag- und Innengestaltung: X-Design, München
DTP: juhu media, Susanne Dölz, Bad Vilbel
Druck und Bindung: Litotipografia-editrice Alcione, Trento
Printed in Italy

ISBN 978-3-8001-5360-2

Literatur (Fortsetzung)

- **Miriam Wiegele:** Kräutergarten auf Balkon und Terrasse Verlag Eugen Ulmer, Stuttgart 2000.
- **Brigitte Beutner:** Gewürze aus aller Welt in Garten und Küche Verlag Eugen Ulmer, Stuttgart 2006.

Haftung

Die Autorin und der Verlag haben sich um richtige und zuverlässige Angaben bemüht. Fehler können jedoch nicht vollständig ausgeschlossen werden. Eine Garantie für die Richtigkeit der Angaben kann daher nicht gegeben werden. Haftung für Schäden und Unfälle wird aus keinem Rechtsgrund übernommen.

Mit essbaren Blüten dekorieren

Appetitlich angerichtet, schmeckt jede Speise noch einmal so gut. Wer Kräuter im Kräutergärtchen oder im Topf zieht, hat gleich die passenden Blüten, blühende Stängel und aromatische Blätter zur Hand.

Die meisten der hier erwähnten Kräuter haben dekorative Blüten, die aromatisch schmecken. Viele Blüten enthalten Nektar und passen damit gut zu Süßspeisen.
Mit Eis, süßen Quarkspeisen, Obstsalat und Pudding harmonieren zum Beispiel die Blüten von Zitruspflanzen, Anis-Duftnessel, des Johannisbeer-Salbeis und selbstverständlich die Blütenköpfchen des Aztekischen Süßkrauts.
Eher zu pikanten Speisen passen süß-scharfe Chili- oder Paprika-Blüten und die Blütenköpfchen von Muskat-Garben und Gewürz-Chrysantheme. Farbige Kontraste liefern die Blütenstände oder die abgezupften Einzelblüten von Lauch-Arten und vom Zimmerknoblauch. Ihr violetter oder rosa Farbton schmückt helle Dipsoßen, Jogurt- oder Quarkzubereitungen ebenso gut wie grünen Blattsalat. Essbar und dekorativ sind außerdem die Blüten von Rucola und die Stängel der Perilla.

1 ◂ **Kräuterquark** und Kräuterbutter vertragen die unterschiedlichsten Gewürz- und Kräuterzutaten. Hauptsache, die Mischung kann für mindestens eine Stunde gut durchziehen! Beides passt hervorragend zu Pellkartoffeln, als Dip für rohe Gemüsestängel oder einfach nur zu frischem Brot. Diese Quarkkugel wurde auf Weißdornblättern angerichtet. Die überreiche Blütengarnitur enthält Zier-Lauch, Johannisbeer-Salbei und Boretsch.